アナウンサーがやっている！

1分で心に刺さる印象術

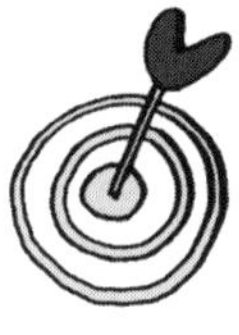

名和田 知加

The I-minute impression technique
Text by Chika Nawata

彩図社

はじめに

この本は、印象が薄くてなかなか人に覚えてもらえない、という悩みを持っている人に向けて書きました。

「何度か営業をしているのに、顔や名前を覚えてもらえない」
「大勢が参加する異業種交流会などで名刺交換しても、その後につながらない」
「同僚と同じような能力や実績があるのに、なぜか重要な仕事を任せてもらえない」

印象に残らないという結果は、先天的な能力の差が生むものではありません。
印象に残るための技術を、後天的に身につけている人が印象に残るのです。
この技術があれば、人から必要とされ、応援されるようになるのです。

私は現在、商品やサービスをわかりやすく伝える方法をテーマに講師活動をしています。また、アナウンサーとして経営コンサルタントの大前研一さんが代表を務めるビジネス・ブレークスルー大学にて、経営者との対談番組で司会をしています。これまでに取材した人数は２０００人以上になります。私自身を覚えてもらえたことで仕事につながったことは一度や二度ではありません。

そんな私も、一瞬で覚えてもらえるようになる方法を生まれつき身につけていたわけでは、もちろんありません。

採用試験では自信たっぷりに答えていながら、ウン十回と落ち続けました。

フジテレビの番組に意気揚々と出演、全部カットされたことも何度もあります。

目立とうとガツガツしていないのに、印象に残る人たちが羨ましくて仕方がありませんでした。

かつての私は、いわゆる量産型女子でした。

帰国子女でもなければ、ミスコンに出場したこともなく、芸能活動もしていません。スポーツでの輝かしい成績や留学経験、強力なコネも、特技もありません。特筆すべき武器が何もない学生だったのです。

採用試験では落ち続け「やっぱり向いていない」と痛感する日々。それでも印象づける方法を試行錯誤した結果、77社目にして内定。福島の放送局に入社することになりました。

平凡な学生だった私は就職してから、愕然とします。

先輩や同期は自分なりの強みの見せ方を常に意識して、印象に残る言動を自然にしていたからです。それに比べ私は、上司に会議室に呼び出され「名和田は性格悪いと評判だぞ。どうなってるんだ？」と詰められる始末。普通にしているつもりでも「不満があるなら言いなさい！」と突然先輩に叱られたこともあります。

笑顔のつくり方がわからず、情報バラエティ番組の司会をする前は、毎週吐き気をもよおすほどでした。プレッシャーからか、生理が半年以上も止まってしまったこともあります。

気が付けば悩みの中心はいつも、印象でした。

「どうすればスタッフや視聴者の方に好印象に映るのか」
「どうすれば伝えたいことが狙いどおりに印象づくのか」

特に私が意識していたのは、「無言で」自分が発信していることと、「言葉で」自分が発信していることです。

考え方や思っていることは、黙っていても表情や振舞いに反映されます。
自分がどう見られたいかは、黙っていても服装やメイクにあらわれます。
相手目線でいるかどうかは、言葉ひとつ添えるだけでも伝わります。
相手を大切に思う気持ちは、聞き方ひとつで表現できることもあります。

なんてことのないことの積み重ねによって、自分の印象はつくられているのです。

私はこれまで、一瞬で覚えてもらうための方法について愚直に研究し続けてきました。

一瞬で印象に残るようになれば、「あなたと一緒に仕事がしたい」とお願いされるようになります。

いざというときに「この人がいる」と思い出してもらえる人になります。

本書では、私自身の経験から学び、導きだしたことを1冊にまとめました。

私はこの「印象を残す技術」を取材現場や収録を通じて身につけたことで、必要な人と必要なタイミングで出逢えるようになりました。無理なく自分を表現することで、向こうから人がやってくるのです。

この本は、ただのハウツー本ではありません。印象づくように自分をわかりやすく表現することは、人への思いやりなのだと感じて頂ける本になっていたら幸いです。そして、あなたが「印象を残す技術」を武器に、ご自身の思いどおりの人生を歩まれることを願っています。

アナウンサーがやっている！　1分で心に刺さる印象術　目次

さすがです!!
その髪型似合ってる!

第四章 「また会いたい」と思わせる話し方の仕掛け

第五章　「もっと話したい！」と相手がデレちゃう聞き方のオキテ　185

【第一章】

心に刺さる心がまえと考え方の秘訣

1. 美人やイケメンと同じ土俵に立つことなかれ

アナウンサーの採用試験の倍率をご存じでしょうか？

在京キー局で数千人に１人、関西や福岡、北海道など準キー局で８００～１０００人に１人です。系列ローカル局でも約５００人に１人という倍率です。

さて、そんな採用試験でどんな人が並ぶかというと、恐らく皆さんのご想像通りかと思います。

初めてのキー局採用試験。

同じ受験生たちのキラキラオーラや類まれな才能と、何もない自分を比べ、愕然としました。一瞬で空気に呑まれてしまったことを強烈に覚えています。

「こんな猛者たちの中から私が選ばれる？ 印象に残るなんて？ できるの……？」
「あれ？ 私、今世で叶いそうにない夢を見てる？」と思い始めていました。

エントリーシートの写真はスタジオを転々とし、納得のいくまで撮り直しました。アナウンサーっぽく見える白のスーツを買いましたし、ほぼ毎日ニュース読みの練習を1時間以上ぶつぶつ行ったりもしました。また、アナウンサーらしくベリーショートヘアからボブへと髪を伸ばしました。

考えつくことでできることは、一通りやりました。

しかし、結果はといえば、キー局・準キー局は全滅。ローカル局で書類は通過するものの、一次試験を通過するのはほんのわずか。内定とは程遠いものでした。

何ひとつ進まないまま迎えた4年生の春。

この頃には一般企業の面接も始まります。今年アナウンサーに受からなかったらきっぱり諦める気満々でしたので、一般企業もいくつか受けてみたのです。

そこで、思わぬ気づきを得ることになりました。

一般企業の面接がトントン拍子に進み、あっさり内定が出たのです。テレビ局受験ではまったく歯が立たないのにもかかわらず！

アナウンサー試験と違い、企業研究もしておらず、面接でさほどアピールもしていないのに。一体なぜ内定を出してくださったのか？　不思議でした。

振り返って考えた末、行き着いた答えはひとつ。

「他の学生と違うと思われたから」

これしかなかったのです。

選考を思い返すと、集団面接でこんなやりとりがありました。

質問「ストレス解消法は？」
Aさん「読書です」
Bさん「ジョギングです」
Cさん「映画鑑賞です」
名和田「寝酒の焼酎です」
面接官：爆笑。「へー、好きな種類あるの？」「焼酎派？」（私だけ質問が飛ぶ）

面接官になった気持ちで、1日に100人面接をした場合を考えました。

86番目の人と87番目の人の回答が似ていたら？

「またか」と思って無反応なはず……。

でも、88番目の人がそれまでの人たちと少しでも違う答えをしたら？

内容の良し悪しは別として「おや？」と反応するのではないかと。

もしかしたら**他の学生とアピール合戦するのは不要かもしれない**。

「みんなとは○○が違います」と伝わればいいのではないかと思い始めたのでした。

それからというもの、他の子たちと同じ土俵で戦わないことだけに集中。

テレビ局の試験でも、他の学生との違いが伝わるように方針を切り替えたのです。

「他の人たちと同じ土俵で戦わない」とは、**「上には上がいるステージで人と張り合わない」**ことです。

容姿や経歴、話の上手さ、語学力といったステージには、ある程度基準があり、共通の物差しで測られてしまいます。

その一方で、人当たりのよさやユーモア、ユニークな発想、面倒見のよさといったものは、それぞれ基準が違い、明確な物差しがありませんよね。

同じ基準で測られることが少ないので、他の人に戦いを挑まずにすみます。

つまり、ライバルをグッと減らせ、勝手に印象に残りやすくなるのです。

気をつけたいのは、ライバルが少ないからと言って、人から求められていない要素をアピールしないことです。

人が求めていることの中から、ライバルが少ない土俵を探すのです。

私の例でいえば、アナウンサーが視聴者から求められている要素を、ざっとピックアップしました。

機転のよさ／知識の豊富さ／滑舌の明瞭さ
豊かな表情／親しみやすさ／清潔感
上品さ／人への思いやり／チームワーク

色々ある中で、私は「近所にいそうな親しみやすさ」を全面にアピールしました。

当時アナウンサー志望者の多くは、学生時代のキャスター経験、スポーツの成績、放送研究会のまとめ役などをアピールしていました。けれど、近所のお姉さん的な親しみやすさをアピールする人は少なくとも周囲にはいなかったのです。

外見も大幅に路線変更しました。

美人で可愛いアナウンサーに少しでも近づきたいという乙女心（！）から白スーツを着用していました。しかし、キレイな人と同じ土俵に乗ってしまうのは絶対避けなければと判断し、白スーツは却下。

また、女子アナといえば、セミロングやボブだと決めつけていましたが、量産型になる恐れがあるため、これも却下。一般企業の採用試験で着用していた黒のパンツスーツに、元々のベリーショートヘアに戻

して面接に臨みました。そして……。

「もうこれで最後にしよう」

アナウンサーを含むマスコミ受験は終盤に差しかかり、半ば諦め気分で臨んだ放送局で、内定を獲得することができました。77社目でした。

「運がよかった」といえばそれまでです。でも、少なくとも同じ土俵に乗らない作戦によって、印象が「ない」状態は避けられました。

後日談ですが、入社してから採用担当官に聞いたところ、

「黒のパンツスーツにモンチッチみたいな髪型がよかったんだよ。女子アナらしくないお前を落とそうとする奴も多かったけどね（笑）」と教えてもらいました。

人と違うことをすることは多少勇気がいるかもしれませんが、良くも悪くも印象に残ることは成功ではないでしょうか。**最大の失敗は、印象が「ない」こと。**自分の土俵があるにも関わらず、他人と同じ土俵で勝負に挑み続け、誰の印象にも残らないことは非常に勿体ないことなのです。

「あの人より自分は優秀です」とアピールする必要はありません。「私はほかの人とは違う土俵にいます」と伝えることができれば、大成功なのです。

2. 自分を知って「脱平均点」

「名和田、お前さーキャラがないんだよ。ツカミがねーんだよなー。〝何でもできます〟じゃ、売りにならねーんだよ」

念願かなってアナウンサーになったばかりの新人時代のころ。番組のプロデューサーにこんなことを言われました。

最初は訳が分からず、ポカーンとしていました。〝何でもできます〟と言えるのは立派な売りであり、これこそが一人前だと思い込んでいました。テレビに出演しているものの芸人さんでもあるまいし、ツカミやキャラは必要なのだろうか？　と疑問を持っていたくらいです。

ところが、ある日そのプロデューサーはこんなことを言い放ちました。

「自分をわかりやすく表現するのは全部、視聴者のためだぞ。この人がボケ役、あの人はツッコミキャラと設定するのはサービスの一貫。お前がわかりにくいのは、視聴者に不親切なんだぞ！」

テレビの向こう側で見てくれている方に一瞬でも「わかりにくい」と思わせてしまうこと自体が不親切であり、絶対にやってはいけないこと。また、スタッフも私のキャラがわからないと一緒に番組をつくる上で扱いに困ってしまう。

視聴者にチャンネルを合わせてもらうこと。

スタッフに指名されるようになること。

つまり、「人に自分を選んでいただく必要がある」と気づいた瞬間でした。

そのためには、いかに自分という人間に興味を持ってもらうか、自分の持ち味をわかりやすくアピールできるか。「あの人の話を聞こうかな」「あの人と一緒に仕事したいな」と思っていただくかが、最優先課題になります。

自分の持ち味はなんだろうか。

そう思った私は「とりあえず人から求められていそうなタイプを洗い出してみよう。どれか1つなら近づけるものがあるのでは？」と考えました。

思い浮かんだのは、5タイプ。
（※あくまで個人の見解です）

①叶姉妹タイプ
（エレガントでいるだけで華やぐ）
②博士タイプ
（理性的な印象で知識豊富で冷静）
③姉御タイプ
（どこまでもついて行きたい姉御肌）
④いじられキャラタイプ
（笑いに変換できるスキルあり。器大きめ）
⑤子どもタイプ
（明るく元気がいい。突撃リポーター系）

これを番組スタッフに相談したところ

「⑤しかなくない？　いや、⑤だよ」

「④も近いけど、⑤じゃない？　うちの局にいない」

「①？　華やぐ人？？　なわちゃんには無理じゃない？」

「どう見ても姉御じゃねーよ（笑）」

　というわけで、「明るく元気な、突撃リポータータイプ」に即決定。


　ま、多少なりとも乙女心が傷つくこともありましたが、自分のことを客観視できないと感じていたので、大変有難いことでした。

　それからは「いかにいいコメントをするか」「スムーズに進行するか」という考えを一旦忘れることに。代わりに、多少できが悪くても視聴者や周囲のスタッフが笑顔になることを第一に考えるように心がけました。

　スタジオのコメントやリポートでも積極的に冗談を言ったり、動物に話しかけてみたり、あえて空気を読まないことを先輩アナに言ったり、走らなくてもいい商店街で全力で走ったりもしました（笑）。

　番組スタッフも私の想いを知ってか知らずか、婦人警官やお姫様、赤ジャージなど様々なコスプレをさせて面白く演出してくれる方が多かったです。

主体的に自分のキャラを決めてから数ヶ月経つ頃には
「この間、バスガイドに扮してたアナウンサーの人ですよね？」
「もしかして、○○（番組名）のツッコミ役の人ですか？」
などと町で声をかけられるようになっていました。面白いことに名前まで覚えてくださっているケースはほぼゼロ。9割の人がキャラだけで覚えてくださっていたのです。

実はこの「名前は覚えてないけど、わかりやすい〝ツカミ〟は覚えている」というのは特別なことではなく、ビジネスや普段の生活でもいえることではないでしょうか。

例えば、あなたが500人以上参加する懇親会に参加したとします。

面識がない人が多い場合は、数十枚以上の名刺交換をすることもあるでしょう。

「ご縁があるように、仕事に繋がるように」と少なからず心の中で思い、名前や顔、生業をアピールしたり、逆にされることもあると思います。

ここでちょっと振り返ってみて欲しいのです。

名刺交換をした方全員の名前と顔を覚えることができましたか？

相当意識しない限りできないことだと思います。極めて優秀な一部の人もしくは記憶力が抜群にいい人しか、名前と顔、ましてや職業をセットで覚えるのは難しいはずです。

この本を手にとってくださった方の中には

「私はなかなか覚えてもらえない」

「自分は印象がうすいんだろうな」

と思っている方もいるかもしれません。

でも、名前や顔を覚えてもらえないのは、あなただけではありません。

そもそも人は名前や顔などをほぼ覚えていないものです。

だからと言って、いつまでも「自分がどう見られる必要があるか」「どんな自分をアピールするべきか」について受け身でいたら、印象に残ることは不可能です。

「あの人はこういう人」という瞬間のイメージを生み出すのは、結局は「自分は○○な人、○○の人だと見られたい」という主体性です。その軸があるかないかで印象づくりか否かが左右されます。

まずは、難しく考えず、**周囲の人から求められていそうなことを探すこと**。**思いきって他人に相談して、自分の軸を決めること**です。

他人の意見を聞くときは、長所だけでなく短所もできるだけ聞いてみてください。

私は、自分という人間、キャラが売り物でもあるアナウンサーなのに、恥ずかしながら自分の長所も短所も知らずにいました。他人が勝手に評価するものであって、自分が考えることではないと思っていたのです。

けれど、これは営業マンが自社製品のことを何も調べずに売ろうとすることと同じこと。自分について客観的に知ろうとしないことは、目の前のお客さまを無視して自社製品を押し売りする行為に等しいのです。

長所や短所を探そうと無理に自己分析する必要はありません。

他人の力を借りて客観的に自分を知ることができれば、印象づく人に近づきます。

3. まずは9割の情報を捨ててみよう

テレビやラジオの番組の合間に放送される短いニュース。
誰もが一度は見聞きしたことがあるのではないでしょうか。
放送局によっても異なりますが1つのニュースにつき約50秒～1分30秒で構成されています。大体15秒程度のリードと言われる見出し文と、それ以降の本編原稿に分かれます。
意外と知られていませんが、ニュースではこのリードの15秒が、情報を伝える上で最重要といわれています。視聴者をここで惹きつけられなければ、すぐにチャンネルを変えられてしまうからです。

「○○県にも、桜前線到来です」

「15歳の若き女王が誕生しました！」

「○○が解禁され、長蛇の列ができました」

一番大事な情報から真っ先に伝えています。そして、非常に短く、10秒前後に収まるようにしています。最初の数秒で伝わらないと「わかりづらい」と感じさせてしまい、視聴者に不親切な印象を感じさせかねないのです。

ちなみに1分のニュース原稿に対して、取材時間はどれくらい費やすのかご存じでしょうか？　1分のVTR（原稿）をつくるのに、約1時間取材するといわれています。もしくはそれ以上かかることだって、じゅうぶんあり得ます。

朝8時から取材開始、夜8時に帰社したとして、VTR時間が5、6分ということは本当によくあるのです。私も実際に経験していますが、12時間取材して「これだけ?」と思うこともしばしば起きます。

ただ、誤解して欲しくないのはVTRが短いからといって取材者として伝えたいことがないわけではないのです。視聴者の皆さんに伝えたいことは山ほどあるわけです。

でも、その一つ一つを全部伝えることは放送時間として無理があります。

また内容としてもまるごと伝えようとすると訳が分からなくなってしまいます。

ですから、**持っている情報の9割を捨てています**。本当に伝えたい1割にフォーカスしてお伝えしているのです。**9割の情報を捨ててようやく、まったく興味のない人にも振り向いてもらえるようになります。情報は絞らないと人には伝わらないのです。**

これは、ヒトを印象づけるときも同じです。

「自分をもっとアピールしたい！」
「また会いたいと思われたい」
「自分のよさを知ってほしい」

私たちがこのように願うときは、どうしてもたくさんのことを伝えようとし過ぎてしまいます。でも、**印象づけたいと強く思うときこそ、たくさんある自分のよさの中でどこを真っ先に見て欲しいのか、情報を絞ること**です。

まずは「自分は○○な人、○○の人だと見られる」という軸が決める。

そして、見せたい自分以外の9割の情報は捨てる気持ちでいましょう。

そうすることで、人からぐっと覚えてもらいやすくなります。

良かれと思ってやりがちなのは、なんでもかんでもアピールしてしまうことです。
例えば、ちょっとした自己紹介の場面で、

経営者Aさん
「普段は経営者として11社の経営をこなしてます。あ、不動産投資もやっているんです。あとは、土日に心理学セミナーも開催しています」

会社員Bさん
「営業も人材育成も経理も得意です。どこに配置されても大丈夫です。困ったことがあれば何でも私にお任せくださいね」

美容師Cさん
「ヘアカラーもカットも上手なんで何でも注文してください。俺、キッズカットもおじいちゃんおばあちゃんもキレイにできるんで！」

得意なことが多いというのはとても素晴らしいことです。

それだけ人から必要とされる「売り」が多いのですから立派なことです。きっと努力もされてきたことでしょう。ただ、情報がたくさんあると、そのぶん印象が薄れます。

「結局、何をしている人だったのだろう？」

「で、何が一番得意？　何を頼むのがいいんだろう？」

「どれも平均点で、突出したものはないってこと？」

アピールしたつもりがかえって相手に混乱を招いてしまうのです。

ならば、いっそ1つ2つに絞ってみたらどうでしょうか。

先ほどの例でいえば、

経営者Aさん

「○○したい人と△△をつなぐ会社を経営しています」

会社員Bさん

「営業歴は○年で一番長いです。中でも○○な営業を得意としています」

美容師Cさん

「雑にドライヤーで乾かしただけで、髪型がキマるカットが売りです」

どんなことでも人に伝える情報のポイントは、絞れば絞るほどよいです。

最大でも2つ。それ以上になると受け手が覚えきれなくなると思っておいてください。

自分を売りたいときほど、あれもこれもアピールするのをぐっと抑えること。

情報の9割を捨て、1割だけ見せる気持ちが第一印象に差をつけます。

4 心を奪う「ふれ幅の法則」

「また話したい」と相手に記憶してもらうには、自分をよく見せようとすると逆効果になることがあります。相手に見せたいのは「ふれ幅」です。

経営コンサルタントの大前研一さんが代表を務めるビジネス・ブレークスルー大学というビジネスマンのための学校があります。ここでベンチャー企業の社長と対談する番組を担当し、これまで約１００人の方とお会いしてきました。

番組名は「アントレプレナーライブ」（スカパーチャンネルで放送）。一橋大学の米倉誠一郎先生とともに1時間じっくり社長に起業のアレコレを伺うという内容です。

視聴者は、30～40代のビジネスマン、ビジネスウーマン。

今は会社員だけどいずれ起業したいと考えている方が見てくださっています。

お呼びするゲストは、上場企業や未上場だけど注目度が高い企業のトップ。

番組で取り上げるからには実績がある、もしくはユニークな事業内容であることが多くなります。

番組の中で私が決まってする質問があります。

それは**「苦労したエピソードや貧乏話、絶対的ピンチだったこと」**です。

「社長＝偉い、立派」というイメージに「失敗談」などちょっと恥ずかしいエピソードが加わると一気に親しみが湧くからです。

例えば、

「小学校中学校と生徒会長。県内トップの高校を首席で卒業。高校では陸上インターハイにも出場。その後、東大に現役合格。在学中に公認会計士試験に合格。その後、マッキンゼーに入社。3年後にシリコンバレーで創業」

どうでしょうか？

あまりに優秀すぎて自分とは〝遠い人〟だなという印象になるはずです。

こういう方には必ず質問をします。

「資金ゼロからの起業ですが、ご苦労もあったのではないですか？」

「60歳からの起業ですよね。奥様は驚かれたのではありませんか？」

「その時に、もうこの事業を諦めようとは思わなかったのですか？」

すると、社長は、

「3年は何にもなかったです。会社員時代の貯金を1年で使い果たしました」

「妻は大反対で一時期口をきいてくれませんでしたよ。今は諦めてます（笑）」

「諦めたくても従業員がいたので。自殺も考えたことがありますよー」

などと答えてくださいます。

私が質問をするのは、社長のふれ幅を見せ、視聴者に共感を持っていただきたいからです。アナウンサーは話を聞くだけでなく、「ヒトの魅力を引き出す」ことも求められているのです。

意外性がある（ふれ幅）ことに、人はどうしても興味を持ってしまいます。

こんな人たちに会った経験が一度はあるのではないでしょうか？

A
・ひたすら自慢エピソードを語る人
・自分の話ばかりで長いと思わせる人
・成功体験や学歴年収を言いたがる人

B
・失敗話を初対面の人に絶対に語れない人
・ずっこけエピソードは言いたくない人
・隙を見せまいと弱い部分は隠す人

AもBも共通しているのは、
「すごいと褒められたい」
「自分のことを認めてほしい」

「もっとあなたに愛されたい」

と思っている傾向がある、ということです。自分に自信がない人は自分で自分を認められません。誰かに認めてほしいし、他人から褒められたがっています。以前の私も、自分にまったく自信がなかったのでよくわかります。

ダメな自分を見せる、失敗したエピソードを話せる、というのは自信がある証拠です。弱さやダメさを見せても嫌われません。むしろ、**相手は心を開いてくれていると思って、親近感や安心感を覚えてくれます**。

初めての方と会ったときは、ぜひこんなことを話してみてください。

１、「相手が共感しやすい」レベルの失敗話
２、「相手が認めやすい」レベルの成功話

１つめ。「本当に取り返しのつかない」ヘビーな失敗話は、相手が重荷に感じるので、初めての方に話すのは避けたほうがいいでしょう。あと、「毎日遅刻しちゃって」「ずる休みしちゃって」なども社会人としての品性が問われると思いますので口にしないでおきます。

2つめに関しては、「え？ 自慢はダメじゃないの？」と思いますよね。自慢話は自分を大きく見せようとしないものならOKです。実は、初対面の相手もあなたに対して素直に「すごい」「素敵」と褒められる部分があった方が、会話が弾みやすいのです。

この2つのエピソードがあることで、「自分に心を開いてくれている」という安心感や親近感にも繋がります。何より、**ふれ幅を見せることで、その他大勢の人たちとは違い、自然と記憶に残る人になっていく**のです。

5. 目の前の人を主役に置くだけで好かれちゃう

「大勢の中にいても埋もれたくない。印象に残る人でありたい」

あなたはそんなことを思い、この本を手にとってくださったのではないでしょうか？

そう思っている先には、なにか掴みたいものがあるはずです。

就職活動　⇩採用試験官の目に留まる　⇩内定

プレゼン　⇩クライアントさんの好印象　⇩企画採用

懇親会　⇩初対面の人とよいご縁が繋がる　⇩新しい仕事

婚活　⇩気になる異性に好意を抱いてもらう　⇩交際・結婚

こうして見ると気づいていただけると思うのですが、**私たちが得たい何かはすべて「自分ではない誰か」が運んでくるもの**です。

もちろん本人が努力したからこそ、採用された、企画が通過した、婚活に成功したという側面はあるでしょう。でも、目の前の人を無視して成功することはできないのではないでしょうか。自分1人の努力や才能によって人生は成り立ってはいません。自分以外のすべてが自分の人生を決めているといっても過言ではないと私は思うのです。

衆議院選挙の中継リポートを担当したとき。

通常1人の立候補者に対して、1人のアナウンサーや記者が配置されます。

私が担当したのは、当選が確実視されていた現職国会議員の選挙事務所でした。

ここだけの話、選挙というのは本当に残酷なものです。勝ったときと負けたときの事務所の空気には雲泥の差があります。マスコミ業界といえども人間です。どちらかと言えば勝って祝勝ムードに包まれる事務所に行きたかったわけです。ですから、当時の私は「今回はラッキー！」くらいに軽く考えていました。

で、ですね、問題はここからです……。

事前の予想通り、あっさり20時過ぎに当確した議員。

しかし、インタビューの約束をしていたにも関わらず、なぜか報道陣の前を素通りしようとしたのです。

慌てて議員に駆け寄りました。

名和田「○○さん、どうぞこちらにいらしてください」
議員「地元に帰るんだよ！　私は帰らないといけないんだよ！！」

そそくさと選挙事務所をあとにしようとしていらしたので、ディレクターでもあった先輩記者とともに議員を誘導し、すぐさまカメラを向けました。

当選後の生の声を聞きたい中継班が、議員にイヤホンをつけます。

ところがまたしても……。

議員「聴こえない！　聴こえないんだよ！　俺は早く帰らないといけないんだ！」

音声スタッフが慌てて、予備イヤホンを耳につけます。
それでもなお、聴こえていないという議員。
議員「聴こえない!! 地元に帰りたいんだ!」
名和田「私の（イヤホン）なら聴こえています。スタジオの○○キャスターが今呼びかけています。聴こえますか?」
(私のイヤホンをつけるも)
議員「聴こえない! 早く帰らせてくれ!」
名和田「わかりました。スタジオの音声が届かないようなので、私からいくつか質問いたします。当選した○○さんです。おめでとうございます。今の率直なお気持ちを……」
議員「(しぶしぶ) ありがとうございます」
その後いくつか質問を受けると、議員は足早に事務所をあとにしました。
有権者に喜びの声や感謝の意を届けようとしない姿。

「聴こえないんだよ!!」と声を荒らげる様子。

当選したにも関わらず、終始不機嫌な表情。

実は、この一部始終がぜーんぶ「生中継」で放送されていました。

後日、党の選挙事務所はクレームの電話が鳴りやまなかったそうです。


「この場の主役でいたい、目立ちたい」

「グループの中心でリーダーと認められたい」

「人を動かす重要な人物だと思われたい」


そう強く思うときほど、**目の前の相手を大事にする気持ちを持つこと**です。

遠回りなようでいて結果的に自分が主役になれる近道なのです。

相手を立てられる名脇役がいて、主役のよさが引き立ちます。

仮に、自分が主役の席についたときでさえも、周囲の人を立てる気持ちがあるかどうかは何気なく人に見られています。

今や好感度ナンバー1芸人との呼び声も高いお笑いコンビ・サンドウィッチマン。泊まりがけのロケ番組で共演したとき、お2人の行動には目を見張るものがありました。というのも、お2人とも面白いことを言おうとするのですが、それ以上に「人を主役にすること」に長けているのです。

ロケ中に小学生が通過したらカメラがあろうとなかろうと「こんにちはー」「学校帰りー?」と気さくに話しかける伊達さん。

取材が終わってスタッフ全員で夕食をとっているとき、若い男性スタッフに話しかけて男同士の話を楽し気にする富澤さん。

メイン出演者であるにもかかわらず自分たちが目立とうというよりは、目の前の人たちの面白さを引き出そうとしたり、相手を立てる振る舞いをさり気なくしているのです。

誰にも偉そうにする素振りがなく、終始気さくです。

だからといって、誰にでもいい顔をしろと言いたいのではありません。

別番組にて屋外イベント会場からの生放送の際、サンドウィッチマンをゲストに迎えたとき。ファンが殺到しまっすぐに歩けない状態でした。その際、富澤さんの顔数センチまでスマホカメラを近づけてこようとするお客さんがいたのです。怒鳴るのではなく、極めて冷静に相手に聞こえる音量で「あなた、失礼ですよ」と諭していました。普段の人柄のよさを知っているだけにやや意外でしたが、誰にでもいい顔をする必要はないということもお2人から教わりました。


サンドウィッチマンのお2人はどこに行っても人に喜ばれる存在です。

私がお会いした限りだと「**今、自分たちの目の前の人を大事にしている**」方たちです。目の前の人に喜ばれること。その先に知人、友人、仕事仲間などがいます。

目の前の一人ひとりを大事にしていった結果として、国民の多くの人が喜んでくれる存在になっているのではないでしょうか。

印象に残る人は、自分が主役と思える瞬間でさえも、目の前の相手を主役に見立てています。

どんな場面でも、決して相手に恥をかかせません。だから、周りが素直に喜んでくれます。自ずと出会った相手は味方になってくれ、応援される人になっていきます。「自分が主役よ！」と頑張ってアピールするより、圧倒的にコスパがよく、周りも幸せです。

6. 全員に好かれるのは無理！ 嫌われてナンボ

東日本大震災から1年が経とうとしていた頃。

春の番組改編で、私に新コーナーをつくってもらえることになりました。

コーナー名はジャージー名和田。挨拶言葉は「福島県民の恋人です！」。

この企画は、震災と原発事故で苦しんでいる福島県民を盛り上げて笑顔にしていこうというもの。ジャージを着用するから、ジャージー名和田です（笑）。

小学生に混ざってバスケの試合に参加したり、稲刈り作業や、旅館の部屋掃除の手伝いをしました。台本のない体当たり取材。なぜか依頼してくれた方に励ましてもらうことが多く、毎回逆に元気づけていただいていました。

そんな折、フジテレビＦＮＳ27時間テレビ出演の話がきました。

系列局アナウンサー対抗で歌のうまさを競うという企画。
歌ヘタな私はジャージー名和田として「面白枠」で出演することになったのです。
事前番組のディレクターとの打ち合わせは、このような内容でした。

デ「（SMAPの）香取くんが好きっていうけど、どこが一番好きですか？」
名「歯並びです！（即答）」
デ「（笑）キスされたい？　噛まれたい？」
名「どうせなら噛まれたいです」
デ「（笑）噛まれてどうするんですか？」
名「腕に歯形をつけて、その歯型を見てお酒を飲んで楽しみたいですね」
デ「（爆笑）なるほど！」

収録では、司会の千原ジュニアさんと、ほぼ打ち合わせ通りのトークの流れに。その後、私が倖田來未さんの「キューティーハニー」を踊りながら香取さんに近づくという演出でした。終了の合図がなく踊り続けていたら、バラエティの空気を読んだ香取さんが一緒に踊ってくださったのです。その勢いのまま歯型も左腕につけてくれました(笑)。全国放送でほぼノーカットでオンエアされたため、大いに反響がありました。「歯形はどうなってますか？」など視聴者の方からたくさんのメッセージが届きました。インパクトがあったためか、27時間テレビ本番当日に出演する自局の代表者としても選ばれたのです。

ところが、まさに「27時間テレビに出ますよ」と告知しようとしたとき。番組プロデューサーからストップがかかりました。

「**お前が全国放送でやったことがネットで批判されている**。だから、告知は数秒でいい！福島は震災と原発事故で大変な思いをしているのに福島の女子アナは悪ふざけしているだって。お前、おとなしくしておけ」

悪ふざけなんて気持ちは一切ありません。そもそも企画自体が、県内の皆さんに少しでも笑顔になってもらおうと始まったのです。誤解を招いているとしたら、こんなに悲しく悔しいことはありません。結局、自社番組内での出演告知は数秒で終了。モヤモヤした気持ちでお台場のスタジオに向かいました。

しかし結果は……、**まさかの優勝**。

香取慎吾さんだけでなく総合司会のタモリさんをも巻き込んで、EXILEダンスを一緒に踊ることができました（笑）。大スター2人のアドリブのおかげです。

放送終了後、総勢200人を超える打ち上げに参加させていただきました。

当時「SMAP×SMAP」を担当していたディレクターが、香取さんに直接挨拶させていただけるよう取り計らってくれました。

香「お疲れ様！　優勝すると思ってなかったでしょ？」

名「はい、本当にいろいろありがとうございました！」

香「よかったねー、タモリさんも踊ってくれてねー」

名「はい……本当に……優勝できてよかったです。あの、でも、ネットで悪ふざけしているって書かれてたみたいで、自分の番組でもあんまり告知させてもらえなくて……。悪ふざけしているつもりなんてなかったので、ショックで」

（大スターの前であろうことか泣いていました）

香「あのね、それ………ぜーんぜん気にすることないよ!!」

名「え？」

香「あのさ、SMAPも国民的アイドルって言われているけど、嫌いな人もいるんだよ」

名「イヤイヤイヤ、そんな人います？」

香「いるいるいる、すげーいるよ。**100人いたら100人に好かれるなんて絶対無理なんだよ。だけど、俺らはね、100人いたら半分の50人はいいって言ってもらえること。できるならプラス1人、51人にいいねって思われることをやっていこうねって。**全員に好かれるなんて無理だよ。49人にはどーしたって嫌われちゃうんだよ」

国民的大スターからの忘れられない言葉でした。もしあなたがよかれと思ってやったことで、

否定的な意見を言われたら、頭の中でこう変換してみましょう。

非難される＝自分が気になる存在として、相手に印象づいた
批判される＝自分が発信したことが、相手の心を揺さぶった

当たり障りのないことばかりしていたら空気のような存在になってしまいます。

アンチもファンも生まれることはありません。

私たちがやるべきことは、**ファンを大事にすること**です。**自分を好きでいてくれる人を楽しませたり、笑ってもらえることだけに目を向ければいい**のです。

アンチな人で、批判的な意見を述べてくる人というのは、暇な人だと思ってください。人の批判に時間をかけるぐらい暇なんです。本当に優秀な人は批判なんてしません。時間の無駄だということがわかっているからです。

日本の人口は1億2000万人。99・9パーセントに嫌われ、0・1パーセントしかあなたのファンがいなかったとしても、12万人もいるわけです。だから、何も心配する必要はないんです。0・1パーセントの12万人のファンを大切にしていきましょう。

7. 実は一番手を狙いにいくのは損

自分の役割をしっかり果たすことは、なくてはならない存在になる一歩です。

自分には役割がないと思っている人でも、必ず役割は存在します。

タレント武井壮さんと大学の学園祭で対談イベントをさせていただいたとき。

通常イベントの司会を行うときは、出演者と司会者、制作会社の担当と事前に打ち合わせをします。しかし、このときは挨拶程度でほぼぶっつけ本番でした。

武井さん「打合せしなくてもいいよね。（聞かれたことにも）ちゃんと面白く返すし。会場を盛り上げるから。全然大丈夫だよ！」

名和田「……あ、はい」

スタッフ「……では、なり（場の流れ）で行きましょう」

私は以前、出演するタレントさんと打ち合わせをほとんどせずに大失敗をしたことがあるので、本番までまったく落ち着きませんでした。いつになく手汗びっしょり。資料もしなってしまうほどです。事前に下調べや想定問答は行っていますが、やはり心配は拭えませんでした。

しかし、蓋を開けてみたら……。

名和田「それでは、ご登場いただきます。武井壮さんです！」

武井さん「（音楽とともに勢いよく登場）フー！」

軽快にジャンプし、座っている学生と握手を交わしながら颯爽とあらわれました。スポーツマンらしくユーモアのある姿に、会場にいた学生たちもスタッフも大興奮でした。

武井さんは私の進行も気にしてくださりながら、しっかりご自身のこれまでを熱く語ってくれました。それだけでなく、講堂にいた学生からの就職やスポーツ、恋愛の質問にも笑いを交えながら、ひとつひとつ真摯に答えてくれたのです。真横で話を振ったり、聞いている私でさえカラダから元気が無限に湧いてくるような気持ちになりました。

本番終了後、

「いつも打合せなさらないで、あれだけお話できるの凄いですね！」

「いやいや、当然ですよ」

その場にいた女性スタッフ全員がファンになったことでしょう！

私はそんな武井さんの姿に感動しつつも、求められている役割をわかっていて、しっかりその役割を果たしてくださる方だという印象を受けました。スポーツ選手としての経験談だけでなく、タレントとしてその場を明るくしてくれる雰囲気。武井さんは自分の役割をよく理解なさっているのではないでしょうか。


人にはそれぞれふさわしい役割があります。

主役で輝ける人もいれば、主役がプレッシャーになる人もいます。

脇役で生き生きとする人もいれば、脇役を退屈に感じる人もいます。

役割の中にも得意とするもの、不得意に感じるものがあるのではないでしょうか。

なにが言いたいかというと、**ナンバー1という役割だけが、あなたが印象に残る方法ではない**ということです。

グループの中でリーダーシップをとる人

リーダーの横で書記役をやる人
切れ味鋭い意見を主張する人

このように人から目立つ人たちだけが、人の印象に残るわけではありません。

時間管理をして結論を促す人
冗談を言って議論しやすいムードをつくる人
素朴な疑問で担当者をハッとさせる人

なども必要な役割です。当たり前ですが10人中10人がリーダーシップをとろうとしたら、話し合いになりません。全員が黙っていても、話し合いは1ミリも先に進みません。難しく考えないでいいんです。**自分が得意な役割を果たせばいい**のです。

たとえば、仕事関係の人と飲みに行ったとき「自分の役割は何かな?」と考えるクセをつけてみてください。

話がうまい人がいたら話の主役はその人に任せて、その場が楽しくなるような相づちを打つ役に徹する。相づちが得意ではなかったら、食事を取り分けたり「飲み物どうします？」とお世話役になる。自分から話をしない人がいたら、話を振る役になる。

もちろん、これは飲み会だけにいえることではありません。ビジネスのあらゆるシーンでも、プライベートでも習慣にしておくとよいでしょう。

残念なのは、**仕事でもプライベートでも果たすべき役割があることに気づけないこと**です。

スポーツに置き換えてみてください。それぞれポジションがあり、役割があります。

試合はポジションがあるから成立しますよね。

普段の生活も同じです。

誰かが役割を果たさなかったら、周りの人が

その人の分まで働いてフォローしています。でも、自分の果たすべき役割に気づけない人は、見えない部分で支えられていることにも気がついていないのです。

「私は会社に必要とされる存在ではない」

「会社に自分の居場所がない」

こう思ってしまう経験は誰しも一度はあるかもしれません。

私も会社員時代は「自分はこの会社にいてもいなくても同じじゃないか」と思うことが何度もありました。入社したときから「辞めたら困る」と思われてから辞めようと決めていたので、辞めたら困ると思われる役割をずっと探していたのです。

もし、**「必要とされたい」と思うなら、本気で自分の役割を探してほしい**ものです。

自分から積極的に「自分の役割」を探すこともしないで、人から認められたい、必要とされたいというのは難しい話です。この世に命がある人はみな、役割があります。役割のない人間なんていないと少なくとも私は思っています。決して1番になることだけが、人間が目指す役割ではないのですから。

【第二章】

相手の心を射止める振る舞いでイチコロ

1. 笑顔は最高の印象アップ術

競馬番組のゲストとして、元ＡＫＢの大島優子さんがスタジオにいらしたときのことです。

この日私はＭＣではなかったため、見学のためスタジオの入り口付近に待機していました。大島さんがスタジオに入られる前に、他の２人のメンバーが先に私たちスタッフの前を通られたんですが……。軽く会釈して、聞こえるか聞こえないか微妙なボリュームで「よろしくお願いしまーす」と挨拶してくださいました。「そうだよね、カメラ回ってないところはスイッチオンにならないものよね……」と再認識していたんです。

ところが、大島さんが入るときはまったく違いました。

「**おはようございます‼　よろしくお願いしまーす!!!**」

テレビ画面越しに見るあの満面の笑みとともに大きな声で挨拶して、スタジオ入りしてきたのです。一番小柄なはずなのに、一際オーラが輝いているように見えました。

周りにいた学生スタッフも「超かわいいですね！　ますます好きになりました」と興奮していました。そこにいた全員が同じ反応でした。**ほんの一瞬の出来事でしたが、心を射抜かれていたのです。**

人は笑顔を向けてくる相手に対して、好印象を持ちます。と言うと、なーんだそんな当たり前のことをいまさら！　と思う方もいるかもしれません。

でも、笑顔の大切さを誰もが知っていても、ビジネスシーンにおいて、いい笑顔が自然にできる人は少ないものです。顔の筋肉が凝って硬くなっているため、いざ笑顔になろうとしても引きつって不自然な笑顔になってしまいます。

そこで、習慣化してほしいことは、**鏡に向かって笑顔をつくるところから、１日をスタートさせる**ようにすることです。

鏡の前で表情筋をマッサージして、筋肉をほぐしておけば表情が自然になるだけではありません。血色もよくなり顔のシワも伸びます。

また、声は骨と筋肉と体の中の空洞で響いているものです。

筋肉が固まっているとその分、音がボリュームダウンされてしまいます。
顔の筋肉を柔らかくするだけでも、声が通るようになります。
顔は人に会う時に必ず使う、一番頑張る筋肉です。
1日の始まりと終わりに笑顔をつくる、これをルーティンにしていきましょう。

「つくり笑顔はバレるから、真の微笑みを向けるようにしたほうがいい」とも言われますが、私はそうは思っていません。つくり笑顔でも偽物笑顔でも構わないと考えています。**難しく考えて笑顔が失われるよりも100倍好印象になるから**です。

アメリカの研究によれば、つくり笑顔だったとしても、それだけで脳が前向きな状態に変化し、やる気も出やすくなるという実験結果が出ています。笑顔の動きを筋肉に叩き込むと、ふとした瞬間に自然に笑顔を向けることができるようになるので、面倒だと思わずに取り組んでみてください。

今となってはかなり恥ずかしい話ですが、私の普段の表情を見てよく先輩に言われたことがあります。「文句あるんですけど？　っていう顔に見える」「不満顔」「言いたいことがあるのなら言いな？」だそうです、まったく笑顔を向けることができませんでし

きほんの笑顔の作り方

1

まずは鏡を用意しましょう。

2

上の歯が８本見えるまで
「イ」の形で口を開きます。

3

上唇が緩やかなVになるように、
ゆっくり口角を上げていきます。
（このとき上唇が平行か、口角が下がっている場合はNG）

4

10秒程度のキープを
1日10セット×２回行います。
（朝と晩に１回ずつ行うのが理想です）

Point！

１週間、毎日練習していると徐々に表情筋が発達していきます。
夜、寝る前に横になって行ってもＯＫです！

た……。

私が自分の笑顔に向き合うことになったのは、新人の頃、3分程度の短いニュースで放送事故を起こしたことがきっかけでした。原稿最後の「～○日に行われるということです」の「とです」が時間内に入らなかったのです。

上司からの指示で放送事故から3日後には、同じようにニュースを読むことになりました。ニューススタジオに入ると、吐き気をもよおすほど緊張していました。なんとかニュースは無事に読めたものの、自分のレギュラー番組はバラエティ色が強かったので、満面の笑みで司会をしなければならないわけです。でも、気持ちが落ち込み、笑える自信がまったくありませんでした。

「**つくり笑顔でもなんでもいいから、笑ってみよう**」と思い、とにかく鏡の前で毎朝・毎晩笑ってみたのです。

3日、1週間、1ヶ月、3ヶ月と続けていくうちに笑顔の筋肉を動かせるようになっていきました。どんな気分のときでも、さらっと笑顔がつくれるように変わりました。最初はつくり笑顔でも全然いいんです。気がついたときには、笑顔が似合う人になっています。

2 一気に距離が縮まる ツッコみどころを仕込もう

「はじめまして　今日はよろしくお願いします！」

アナウンサーの仕事の80パーセントは、初めての相手との仕事です。

「人と話す仕事を選んだくらいなのだから、初対面の相手だからといって、どうせ緊張しないんでしょ？」とよく聞かれます。いやいや、そんなことはありません。ガクブルで何も言えないということはありませんが、今でも初めての方にお会いするときは緊張します……。

そんなときに私が実践している方法があります。

それは……「**ツッコミどころを用意しておく**」ことです。

何か一つでもいいので、相手にわかりやすいツッコミどころをつくっておくことです。

以前ファミコンのコントローラーがデザインされたスマホケースを持っていたとき、男性スタッフに「お、それ、いいね！ 触らせて」とやたらケースで遊ばれたことがあります（笑）。**ツッコミどころ、いわば会話の引っかかりがあればいい**のです。わかりやすい仕掛けをつくることで、大人しい人とでも会話が広がり、場が和みます。それと、相手が何に反応するかで、相手の趣味嗜好も知ることができます。

人が反応しやすいアイテムを選ぶポイントは、

・最先端、または懐かし
・ゆるキャラ
・明らかに目を引く

会話が広がる〝ツッコミどころ〟のあるアイテム

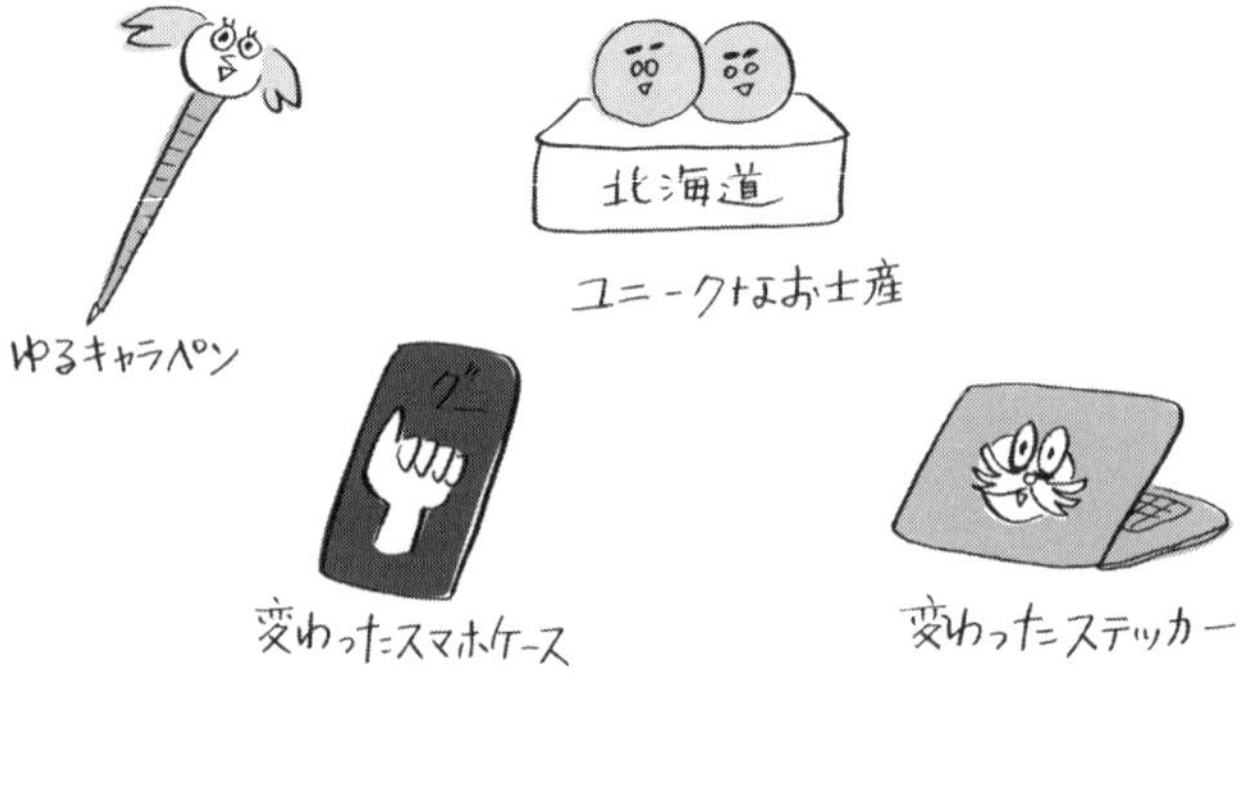

です。どれか1つで構いません。

自分を印象づけるために、身だしなみやコミュニケーションに気を配る人は大勢いますが、このように**相手が入っていきやすい「隙」を意図的につくる**人はそう多くありません。

実は、隙がないと、それこそ真面目という1つの印象に集約されてしまいます。**自分は印象が薄いと思っている人の多くは、「真面目に見えている」状態**なのです。ここに1つ、スパイスとして、流行のアイテムやユニークなお菓子などを用意するだけで、相手の反応はグッとよくなるでしょう。

たとえ、ツッコミどころで、ツッコまれなかったとしてもあなたはとても人間味があるように見えます。懲りずに、また違うものを仕込みましょう。

「そんなことまでしなくちゃいけないの？」と思うかもしれないですが、印象というのはこの一瞬一瞬の積み重ねでしかありません。一瞬で相手と距離が縮まるかもしれないのです。是非持ち物や身に着けるものもコミュニケーションツールの1つだと思って、用意していきましょう。

3.「握手してもらってもいいですか？」は魔法の言葉

ＣＭ撮影で神戸に行ったことがあります。

始発の新幹線に乗り、わずか30分で撮影は終わりました。

撮影スタッフはすぐに別の場所に移動準備、私は東京の仕事のためにすぐに帰る支度をしていた、まさにそのとき。

監督が「今日の名和田さんのお話、よかったです！　またどこかで一緒に仕事しましょう！」と挨拶してくださり、**固い握手を交わしました**。

あまりにもその振る舞いがスマートで、「はい!!」とすぐに返事をしました。

本来ならば私が先に挨拶に行くべきだったのに、真っ先に来てくださった心配りや、しっかりとした握手に、帰りの新幹線ではしばし余韻に浸るほどでした。**なんて情熱的**

な人なんだ！　と感動したものです。

それからというもの、**人と会った後に「ありがとうございました！」という挨拶と合わせて、握手をするように心がけています**。コンサルを受けてくださったクライアントさんや番組ゲストの場合はなるべく握手をさせていただくようにしています。

「遠くから会いに来てくれてありがとうございます」

「楽しい話を聞かせてくれたことに、感謝します」

このような気持ちで握手をすると自ずと手にも力が入ります。

アメリカではビジネスシーンで初対面の相手と最初に握手をすることはよくあります。でも残念ながら、日本ではあまり一般的ではありません。日本の場合は、名刺を差し出すのが一般的なビジネスマナーだからです。

しかしマニュアルを守るだけでは、残念ながら印象に残るのは難しいと私は思っています。とはいえ、いきなり手を出すのもなかなか勇気がいります。

そういうときは、相手を好きな芸能人だと見立てて「握手してもらってもいいですか？」と一言添えてから握手を求めるとスムーズです。もしくは「握手していただいてもよろしいでしょうか」とやや丁寧に尋ねましょう。きちんと誠意が伝われば、相手も嫌な気はしないはずです。

「もちろん、いいですよ」

「僕なんかでいいんですか」

と、にこやかに手を差し伸べてくださると思います。

そしたら改めて、

「今日お会いできて本当に嬉しいです！」

「貴重な話をありがとうございました！」

「また近いうちに是非お会いしたいです！」

と、**相手の目を優しく見ながら、自分を堂々とアピールしてください。**握手は想像以上に熱意が伝わるものです。ビジネスマナー通りの深々とした礼儀正しい挨拶より、一歩近づいて相手と触れ合うことができるからです。

商談や懇親会、なんでもよいのですが、初めての人と会って話をする機会はありますよね。話をし終わって、あなたは最後にどんな行動をしていますか？
もしかしてそのまま会釈して帰っていないでしょうか。これは本当にもったいないことです。一度でいいから「帰り際に握手をして別れる」を実行してみてください。

別に商談が成立したから握手をするのではありません。顔合わせのときでもいいんです。目を見て握手をすることです。それだけで圧倒的に印象に残ります。なぜなら、たいがいの人は会釈だけして別れていくからです。握手ができる人はごく少数なのです。

ポイントは、ある程度しっかり力を込めて握ること。

グッと握られることで相手は誠意を感じます。触れることで親しみも感じ、あなたは記憶に残る人となります。

4.「見えているところ」を遠慮せずに褒めちぎろう

テレビ局を舞台にしたドラマによくあるのが、番組プロデューサー役の男性が「○○ちゃん今日も可愛いね！　衣装もいいじゃない。今日もよろしくねー」というあのフレーズです。全員のプロデューサーがそうではないのですが、報道やバラエティ、スポーツに関わらず、本番前には必ずこうした会話が交わされます。

P「リハもばっちりＯＫ。いい感じだねー」

名「ありがとうございます！」

P「本番もよろしくねー」

人によっては、局に来ただけで

P「おはようございます！　お、今日はボタンダウンシャツがイイですね」
名「あはは、ありがとうございます」
P「そのシャツは、今井美樹か名和田知加しか似合いませんよ」
名「……ありがとうございます！」

などと声をかけてくださいます。番組はチームでつくるものです。**場の空気を温かいものにしようと、その都度気を配ってくださる**わけです。たとえ、褒めてくれる理由がわかっていても、内心はとてもうれしいものです。

これはどんな働き方をする人もみな同じではないでしょうか。

一緒に仕事をする人はもちろんのこと、初めての人に対しても、お互い気持ちよく過ごしましょうと相手にメッセージを送ることで、関係性がより温かいものになります。

「**褒めるのが大事なのはわかっているけど、どこを褒めればいいかわからない**」という人もいるかもしれません。そのような人でもすぐわかる、具体的な褒めポイントはこの

3つです。

1、「行動」を褒める
2、「当たり前」を褒める
3、「変化」を褒める

1、「行動」を褒める

27時間テレビで優勝したとき50件近くお祝いのメールが届いていました。
多くの方が「おめでとう！」と大変温かいものでした。中でも、いつもお世話になっているディレクターさんに直接言われたことは今でも忘れません。

「**1～2年目の名和田だったら、今回の結果はなかった。お前が数年間、バラエティで努力してきたから優勝できたんだよな**」

結果だけでなく、今までの行動を褒めてくださったのです。

いかなる成功でも、些細な努力、小さな決断の積み重ねでできています。相手が素晴らしいのは「できました！」という「結果」だけではなく、達成するための行動を選んだ「姿勢」にもあるものです。相手を褒めるときは、**成果だけではなく、その人のひたむきな「行動」も褒めましょう。**その人の本質を肯定することを意識してみてください。

2、「当たり前」を褒める

取材や司会をしていると、「やっぱり声がいいね」「時間を考えて話せるのがすごいね」「堂々と話せていいね！」と褒めてくださる方がいます。アナウンサーとしては当然のことなのですが、褒められて嫌な気はまったくしません（笑）。私も逆に、能力が高い技術スタッフやディレクターさんに会うと思わずこう声を掛けます。


「ものすごく美味しそうに撮れてます」

「さすがの段取り！　いいですね」

「音のセンス、秀逸ですー！」

この一言で**「あなたを信頼している」というメッセージを伝えることができます**。

「当たり前を褒める」ことが苦手だという人は、自分に厳しい傾向にあります。なぜなら「自分なら、これはできてしかるべき」「これは私の年代の立場なら、当たり前にみんなしている」など、普段から自分の当たり前の基準が高いのです。結果として、自分の「当たり前」にも、他人の「当たり前」にも気づくことができません。

そんな方は、**まずは自分を褒めることから始めてみましょう**。

「今日は朝ご飯モリモリ食べた。私元気だね！　いいじゃん」
「いつもギリギリなのに、今日は待ち合わせ5分前。すごい！」
「すごく疲れてたのに、ちゃんと化粧落とした。私って美意識高いなー」

などです。まるで自分を甘やかしているようで嫌と感じる方は、自分に厳しい証拠です！　自分に甘くないと、人を褒めることはできませんよ（笑）。

３、「変化」を褒める

アナウンサーの友人に会うと、必ずといっていいほどこのような会話になります。

「名和田ちゃん、ファッションの趣味変わった？」

「あれ、こんなに華奢だったっけ？」

「髪伸びたよねー！　なんか女性らしくなったね」

毎週会っているスタッフですら、変化を褒めながら話しかけてくれます。

「ネイル変えたんですね？　秋らしい」

「あれ、先週より肌キレイですね？」

「ヘアカラーの色味変えました？」

あとから知ったことですが、マスコミ業界では、人を褒める文化が他業界よりも根付いているようです（笑）。番組は一人ではつくれません。チームワークがあってこそ、成立しているものです。このため、**お互い気持ちよく仕事しましょうという気持ちから、お互いを褒める**ことが多いのだと思います。

変化を褒めるためにはまず、目に見える範囲の外見、具体的には髪型や服装を褒めることです。ここで少し気をつけたいのは、男性と女性とでは褒められてうれしい箇所が違うということです。

女性を褒めるなら、「小さな変化に気づく、共感する」褒め言葉を使うこと。

男性を褒めるなら、「本人自身」を褒める言葉を使うことです。

いずれにせよ褒め言葉は、コミュニケーションの潤滑油です。褒められて嫌な気持ちになる人はいません。自分がトライしやすい方法で、褒め習慣をつけてください。

5. 共通点さえあればとんとん拍子

男女が集う食事会、いわゆる合コンに参加したことが何度かあります。30歳まで一度も参加したことがなかったのですが、友人の紹介で30歳にして念願の合コンに行きました（笑）。

でも、１回目は男性陣に見向きもされず……。「あー私ってモテないんだな」と落胆していました。しかし、同じアナウンサーの友人に聞くと、毎回２人きりの食事に持ちこめているとのこと。たしかに、友人は美人で同性の私から見ても惹きつけられます。でも、何よりも共感の高さ（共通点を見出す力）が彼女の最大の武器ではないか、と思ったのです。

「わかります！　私も大変でしたよー」

「同じです。私もです！」
「たしかに、それは私も嫌」
「私も、同じのをお願いします」

彼女は「私も」という言葉を口にするのです。また「同じです」「似てますね」と口にしていたのです。自分と同じものを好きって言われたり、似てると言われると、なんだか急速に親近感がわいてきます。彼女のように、好きなものや考え方が似てると思わせることができる人は、一気に距離を縮めることが可能です。

ここに気づいて以降の合コンは、格段に勝率が上がりました（笑）。

初対面で仕事する相手にも「**共通点を見つける**」ことを心がけたところ、今まで以上に一気に仲良くなれるようになりました。

あとから知ったことですが、私は心理学でいうミラーリングを活用していました。

ミラーリングとは、「相手と似たような身体的動作」のことです。

具体的に言うと、

・相手が飲みモノを飲んでいるタイミングで、自分のコップを触る
・相手が頬に手を当てたら、自分も手を組む

など、似たような身体的動作をすることです。

まったく同じだと相手にバレる可能性があるので、避けたほうが無難です。

なお、このミラーリングは、親しい間柄ならば無意識にやっていることです。逆にやっていないと、脳は「なんか居心地が悪いぞ……」と感じるようです。

ですから、どんどん練習してみましょう。無意識的に「なんか感覚が似ている」と相手に思われ、あなたのことを受け入れやすくなります。


ミラーリング効果は強力です。

このため、使い方を間違えたり、あまり露骨に使うと「うざい」と嫌悪感を持たれることもあります。仕草から、メイクや服装、髪型、持ち物など、何でもかんでもマネされたらそれは気味が悪いことです。

また、相手と面識がそれほどないときに、露骨なミラーリングをするのも、本当に気持ち悪がられるので注意しましょう。

あくまでも、さりげなくです。

相手が笑ったらこちらも笑う、ということから始めて、**相手が「気付いたら、親近感を持っていた」と思うようになることが理想的**です。

また、相手との距離を縮めるために、出会った人との共通点を見つけるようにすることも効果があります。

例えば、

- 仕事の内容で共通すること（同じデザイナー業、同じ働き方など）
- 立場や出身校など共通すること（男子校・女子校出身者など）
- 家庭環境が共通すること（男兄弟、女兄弟がいる、一人っ子など）
- 共通の趣味嗜好（好きなお酒の種類が同じなど）
- 好んで食べる物（居酒屋で頼むメニュー、家でいつも作る料理など）

・飼っているペットや好きな動物（犬派、猫派、鳥派、実家にいるペット）
・住んでいる場所が近い（住んでみたい場所、昔住んでいた地域など）
・同じ年代（さとり世代、大谷世代）

共通の「価値観」がある場合は最適ですが、すぐには話題にのぼらないかもしれません。**意外と盛り上がり、印象に残るのは、出身地ネタ**です。故郷が同じ、または近いと親近感がわきます。また、幼いころの経験や感じたことなどを含めて、相手との共通点を積極的に見つけるとよいでしょう。

忘れがちですが、これはなにも「好きなこと」に限ったことではないということです。**苦手なこと（早起きが苦手、人混みが苦手など）も立派な共通点**です。

どこかに共通点があるはずだ！　と思って、相手と話すようにしていきましょう。

6. 単純なのに誰もやらない「恥ずかしい話」

保険業界の男性経営者がゲストにいらしたことがあります。
私は一目見てこの方は「**見た目の情報量が多い！**」と思いました。

・芸能人並みに真っ白な上下の歯
・おでこが光るほどの肌艶
・推定１７５センチ以上
・スーツの上からでも胸板の厚さがわかる
・肩幅が広い
・ピンと伸びた姿勢

・短髪で全体的にやや日に焼けている
・適度なボリュームのハリのある声

いかにもスポーツマンらしい雰囲気。

まさに信頼される社長像のお手本のような人でした。

「何かスポーツをされているんですか？」と聞いたところ「昔サーフィンをやってましたね。今もちょくちょく運動はしてます（ニコッ）」と答えてくれました。「やはり！」と納得したのは言うまでもありません。

この社長は一度経営がダメになったときに「もうアカン。解散する！」と会社で言ったら、スタッフの一人から「アカン言うてからが始まりやと、教えてくれたのは社長でしょう。ここから盛り返しましょう」と言われたそうです。どん底を経験してから上場を果たしたというエピソードも、外見もあってか非常に説得力がありました。

「人は外見で判断してはいけない」と親に言われて育ってきた方が多いと思います。

もちろん、見た目だけで人の本質まではわからないかもしれません。

とはいえ、**「好き」「好きでない」から「信頼できる」「信頼できない」まで、評価は最初で決まります**。「仕事で提案する」「相手を食事に誘う」などその後の相手の反応は、多く見積もっても「最初の1分間」でどんな印象を受けたかに大きく左右します。

かといって、深刻に考える必要はありません。

最初1分以内に、真っ先に私たちがすべきことは、**会話の序盤で、適度な「自己開示」をすること**です。

自己開示とは「自分はこんな人間なんです」と相手に伝えることです。

もともと人間は、自分のよく知らないものに恐怖心を抱きます。

未知のものから自分の身を守ろう、危害を受けないようにしよう、という防衛本能が働くからです。無意識の本能ではありますが、初対面でお互い防衛本能が働いているままでは、とても会話なんか楽しめませんね。ですから、「私はこういう人間なんです」と、先手をとって自己開示してしまうのが非常によいのです。

特に、おすすめしたいのが、軽い「失敗談」や「自虐話」です。

相手の警戒心を一瞬で和らげることができます。ただし、失敗談や自虐ネタを話すと

自己開示の良い例、悪い例

☑ 良い自己開示の例

①「たまに飲みすぎて、家内に子どもみたいに叱られちゃうんですよね（笑）」

②「学生時代はスマートな体型のバレーボール部部長でした。今はご覧の通りです（笑）」

③「悩むことがありまして。洗顔料でどこまで洗うのか、自分でもおでこの範囲がわからないんです（笑）」

☒ 悪い自己開示の例

①「若いころはヤンチャで喧嘩っ早くて。中学生のときはバイクを盗んで走っていた」

②「タバコと酒をやりすぎて、今は医者から止められているんです」

③「一昨年に主人が亡くなりまして、今は一人暮らしなんです」

Point !

空気が重くなるような身の上話（例えば犯罪、離婚、死別、介護、重い病気など）は逆効果です。男性には意外と多いのですが、自称「札付きのワル」という過去の話は、誰も喜ばないのでやめましょう。

きは、聞き手が笑って流せるネタにしましょう。

あくまでも、相手に親しみを感じてもらえるよう「自分はこんな人間なんです」と伝えるのが目的です。**なんだかドジっぽく憎めない感じが伝わり、クスッと笑える自己開示が理想**です。

ただし、自己開示は長くなりすぎないように。**長くとも1分以内におさめるのが理想**です。自己開示は「ほどほどの失敗談を、ほどほどの時間でする」ことが鉄則です。

ビジネスの挨拶等でも自己開示は使えます。

仕事上で挨拶する場合も、このちょっとした自己開示は使いやすいのです。

例えば、

「ここ数日ですっかり秋らしくなってきましたね」

と聞くよりも、

「**ここ数日で過ごしやすくなりましたね。東北生まれで暑いのは苦手なんで、助かります。暑いのは得意ですか？**」

と自己開示をすると、相手も話しやすく「そうですね」の一言で終わらなくなるはずです。また、自分が話題にしたいことを自己開示してしまうことで、意識的に話題を誘導することもできます。

「私は○○社の製品とは知らずに、頻繁に買っているサプリメントがありました！○○社は、この数年で生産量も大幅に増加したようですね？」

と聞いて、生産販売数を話題にしたり、

「私は先日ぎっくり腰をやってしまいまして……。○○さんはお変わりありませんか？」

と聞いて、相手の近況や健康状態を話題にすることもできます。

ポイントは、

１、相手が笑って流せる軽い話にすること

２、自己開示を使いすぎないこと

なんでもかんでも「私が、私が」では自己主張が強いと思われ、無駄に嫌われてしまう恐れがありますので、自分語りのやりすぎには注意しましょう。

7. 人が自分に魅了されるための押さえどころ

かつて元スポーツ選手で超有名なタレントさんをゲストに迎えるイベントの司会をしたとき、大失態を犯したことがあります……。

通常、イベントの司会をするときは、ご本人と担当スタッフと私とで事前に打ち合わせをします。打ち合せがまったくできないときでも、お顔を見ながらの挨拶だけはする時間があります。

ところが、その日はご本人と**「まったく挨拶ができません」でした**。

マネジャーさんとも1分くらいお話できた程度で、その言葉の通り「ぶっつけ本番」で迎えたのです。まずは200人以上のお客さんの前に出て、ゲストより先に司会者として挨拶しました。

しかし……、ご本人見たさからだと思うのですが、ファンの方から「司会はいらねー」「早く出せー」の声が聞こえてきたのです。いつも通り気を張っているつもりでしたが、**不覚にもこの声で完全にひるんでしまいました。**

その後、ご本人が登場するやいなや、会場は割れんばかりの歓声に包まれました。

ゲストがお決まりの挨拶をしたとき「おおおおおー」というお客さんの掛け声が鳴り響きました。このまま会場のテンションを下げずに、進行しようとなんとか心を落ち着かせようと思いながら、いよいよトーク！　という場面になって……。

名和田「〇〇での活動について、教えていただけますか？」
ゲスト「そうですねー、大変でした！」
名和田「……（え、終わり？）。具体的にはどのあたりで感じましたか？」
ゲスト「そうね、海とかね、やっぱり大変じゃない？　ね？」
名和田「……（それだけ？）。その場所に行って、何か思うことはありましたか？」
ゲスト「そうね、やっぱりね、こりゃ大変だったなって」

名和田「…………」

まったく会話が弾まず、具体的なエピソードを引き出せず。別の話題に仕向けるも、同じ展開が待っていました。「大変でした」「わからないですね」「これがなんかいいと思った」など抽象的でつかみどころのない答えしか引き出せなかったのです。

結局、本来予定していたトーク時間よりも大幅に短縮して、あっけなく終了。

「あの仕事っぷりは酷い」とスポンサーの偉い方がお怒りになっていると通達があり、翌週謝罪に出向いたのです……。

「イベントを盛り上げられなくて、申し訳ありませんでした」と。

忘れたくても忘れられない記憶です。

あのとき、私が犯した最大のミスは**「準備をしていなかった」**ことです。

相手がまったく喋らない人かもしれないという想定のもと、相手の情報を事前に詳しく調べるべきだったのです。

例えば、

・〇〇での活動は具体的にはどのような内容だったのか
・相手が詳しく話せることは何か
・相手がどんなことに興味を持っているのか

などです。どんなに口下手な人でも話せるネタは必ずあります。

それなのに「有名人だし。なんとか勢いでなるだろう」と慢心していたことが、大失態につながりました。


ビジネスにおいて初対面で人と話すときや、社外の人を交えて食事をすることが苦手、という人は少なくありません。初めて会う人と何を話していいのか分からない、相手が年代が違う異性だと話題が分からないなど、原因は様々です。

あえて厳しいことを言わせていただければ、**「苦手！」と言いながら、そのための準備は何もしていない人がほとんど**なのです。

多くの人は行き当たりばったりで初対面の会話をしています。これは間違いと言わざるを得ません。**初対面の前には相手の情報をできるだけ多く入れておくのが基本**です。

私の場合は初めてお会いするゲストの方の情報をできるだけ調べて行きますし、当日の持ち物とか服装も見ています。そして会話のきっかけを準備しているんです。

それだけではなくてＳＮＳなどで過去の活動もできるだけチェックします。そして事前に話す内容もある程度メモしておきます。なんだかストーカーみたいな行動なんですけど、事前にやっています。

これらの準備は、ビジネスシーンで初めての人と雑談するときに役立つものです。

相手がどんなことに興味があって、自分とどんな共通点があるのかを事前に押さえられるかどうかで、当日の相手の反応が全然違います。

そして、この準備が本題の盛り上がりにも繋がるんです。

ビジネスなら、相手の業界のこと、会社のことを調べておくのは鉄則です。

プライベートでの食事や飲み会などの場合も、同じです。

相手は何が好きで何が嫌いか、どんなことに関心があるのかという情報もできるだけ、できる範囲で集めてみましょう。

8. 怒りの感情は「5歳児扱い」でやり過ごす

「怒りたくはなかったんだけど、どうにも腹が立ってしまった！」など、職場やプライベートで、相手に何かされてカチンときた！　という経験は誰でもあると思います。アナウンサーはどんなときでも笑顔を絶やさないイメージと役割を求められます。でも、生身の人間です。カチンとくることもあります……。

イベント会場で声をかけてくれた視聴者の方に、握手後、「もっと田舎くさい顔してると思ったけど、そうでもないね」と、さらりと言われたことがあります。口に出してわざわざ本人に言わなくてもいいのに、と内心思いながら「はい、意外とシティガールなんですよー」と精一杯の笑顔で答えました。

推定体重80kg以上の男性社員に「名和田さん、お太りになられましたか？」とニコッと声をかけられたときも「え、あなたが言うの？」と戸惑いつつも「そうなんですよー、福島のご飯美味しいんですよね！」と話題をすり替えました。

「あのときの名和田の対応は放送上よくないと思う」と上司に注意されたので「では、私はどう対応すべきだったんでしょうか？　○○さんならどうしますか？」と尋ねたら「それはわからない」との答えが返ってきたときも、（えええ、答えないんかーい！）と心の中でツッコミつつも「……なんかすみませんでした」と、とりあえず謝りました。

今思うと、いつ如何なるときも「怒らないことが善」だと必要以上に言い聞かせていたかもしれません。人によって基準は違いますが、私は怒るに値しないときと、怒っていいときがあるとだんだんと思うようになりました。何を言っても怒らない人はなめられます。怒っていいときは声を出していいのです。

怒っていいときは、自分の尊厳が守られていないと感じたとき

これ以外は「怒るに値しない」と感じています。

多くの場合、自分が相手に期待していたことが実現されないと、怒りや不満へと繋がっていきます。まずは、このメカニズムを知っておくだけでも、自分や相手が客観的に見えてくるはずです。残念ながら、まだまだ世の中にはリアクションが乏しい人が多いものです。明らかに悪意がある人もいれば、悪意はなく、深く考えずに相手の怒りや不満を引き出すような反応をしてしまう人もいるのです。

とはいっても、怒ってばかりはいられません。

なぜなら**「怒りの表情」が度重なると、「怒りの表情」が板についてしまう**からです。

あなたの周りの、怒りっぽい人を観察してみてください。

普段の表情も何か不満がある表情に見てとれませんか？

笑った顔でさえも、どこかに怒りを感じさせるものになっている人もいます。

これは怒りの表情に限ったことではありません。

普段よく使っている表情が、初対面の印象そのものになっていることを意味します。

普段よく笑っている人は、何気ない表情をしても、いつも楽しんでいるんだろうなという印象になります。日常の表情は、誰も隠せないのです。この点、怒りっぽい人という印象は誰も得をしません。印象を左右してしまうので、当たり前ですが怒る回数は少なければ少ないほどよいのです。

カチンとくることが起きたとき、私はこんな方法で怒りの感情をやり過ごします。

1、自分の「べき」と相手の「だって〜だもん」を想像する

人間の価値観は千差万別です。親しい間柄であっても、まったく同じ考えでいることは決してありません。なので、人と自分との違いを想像する癖をつけましょう。

例えば、同僚の仕事を手伝ったのにお礼の言葉がなかったとします。あなたは、仕事を手伝ってあげたんだから「相手はありがとうと言うべき」だと思いました。でも、相手はお礼を言うタイミングを逃していただけかもしれません。

そうした考えがあれば、「2人きりになる瞬間もなかったし、恥ずかしかっただけかも」と思え、怒るというエネルギーを使わずに済むのです。

私たちは知らず知らずのうちに、自分の考えが正しいと思い込んでいます。そうなる

と自然と「べき」が増えていきます。**自分の「べき」を考えることで思い込みや見返りを求めすぎていた事実に気づくこともできます。**ですから、自分と相手の気持ちの両方を想像することに意味があるのです。

２、相手を５歳児だと思う

相手を馬鹿にするという意味ではなくて、**相手と同じ目線に立たない**ということです。

人の怒りを買ってしまう人に対しては、まずは言っていることを受け止めます。止めるのであって、受け入れる必要はありません。まともに反論や説教などしては怒りが倍増してきます。何よりも、もがいている姿は素敵なものではありません。

決して同じ目線に立たないことを心がけます。相手と競ったり、仕返しに心を燃やしたりするのではなく、自分とは価値観が合わない人も当然世の中にはいるはずだと開き直ってしまうことです。

「そんなこと言われたら悲しいじゃないですか（笑）」
「またまた寂しいこと言いますね。今、私ちょっと胸が痛んだんですけど（笑）」
「イタタタ……（耳に手をあてて）耳が痛い一言ですー！」

などダメージを受けていることを、思いきって明るい口調で認めてしまうのです。ただ言うだけでは効果ナシです。**必ず「明るく」言うことがポイント**です。すると、余裕があってユーモアもあり、人の扱いに慣れているといった印象へと繋がります。また、印象だけでなく、自分自身の価値観を守ることにもなります。自分の価値観は自分が知っていて、大事にしていれば本来はそれで十分なはずです。

こういったゆるーい反応によって、人に踏み込まれても大丈夫な余白の部分を作っておき、怒りを鎮めてあげましょう。

【第三章】

百発百中、相手の心をつかむ身だしなみのルール

1. デコだしヘアは自信を演出する

「山菜を取りに行こう」という取材で、水玉の長靴で行ったところ、「都会人の田舎体験」みたいに見えて、地元感がなかったと視聴者の方にご指摘を受けたことがあります。山に入るためには、トレッキングシューズを履くのが常識だったのです。恥ずかしながら、その常識すら知らなかったので、当時は大変驚きました。

テレビを見ている方は、喋っている内容だけを情報として受け取っているわけではありません。**アナウンサーの服装から髪型、靴にいたるまで、目に映っていることすべてを情報として受け取り、印象として記憶している**のです。

たとえば、5月に「ご覧のように雲ひとつない晴れとなっています。まさに行楽日和です」と言ったところで、服装が秋冬っぽい色（ボルドー、濃いベージュ、黒など）だとやや説得力に欠けます。

料理をする先生のかたわらで調理のお手伝いをする手元として、赤などの派手に見えるネイルや長い爪は「料理をする手じゃない！」と思わせます。本来見て欲しいのは料理なのに、視聴者はネイルに目が行ってしまうはずです。

人は話していること以上に、外見からの情報を無意識にキャッチしているものです。自分を思い通りに見せるためには、それに見合った外見へと整えていく必要があるのです。

だからといって、頭のてっぺんからつま先まで、くまなく毎日がんばる必要はありません。予算的にも労力的にもかなりの負担です。また、気合いが入り過ぎて、かえって人によい印象を与えない可能性だってあります。

ですから、まずは力の入れどころを押さえておくことです。

力の入れどころとは、ずばり髪と靴です（靴に関しては、後ほど解説します）。

全身に力を注がずとも、この2点だけで減点されることはありません。

髪を整えていく手順は、３ステップです。

①女性は２ヶ月に１回、男性は１ヶ月に１回は必ず美容院に行く。

②お手入れができる範囲の長さにする。

③おでこを出す。両耳、または片耳を出す。

美容院の代金はケチらず、まめに行くことを心がけましょう。**男性は１０００円カットを上手に利用したほうが断然、お得**です。１ヶ月に１〜１・５センチ伸びると、襟足などがもたついてくる部分もあります。知り合いの男性キャスターは、２週間に１回カットに行っていると話していました。髪型を考える前に、通う頻度を多くしてみましょう。

女性でロングヘアの場合は、結んでしまえば気にならないので、３ヶ月〜半年、人によっては１年近く放置している人も少なくありません。でも、**こまめに行くことで、今の自分にあった髪型になりますし、髪型が今っぽいと服がベーシックでも垢抜けて見えます**。「美人っぽい雰囲気」「できる人の空気感」を作っているのも、髪型です。

また、自分でブローやヘアアイロンをして、艶が出せる長さにしておけば、ラフな装いでも「家からそのまま出てきちゃった？」というような、疲れた感じには見えないはずです。

そして、何より「**おでこを出すこと**」です。

来日したてのビートルズのようなマッシュルームヘアで、眉毛から目までを覆いかくすような髪型をしているミュージシャンや芸能人もいます。私たちが同じことをすると「自信がない」「何か隠している」という印象になってしまいます。

表情が相手に伝わるように**おでこを見せることで、「自信がある」「信頼できる」イメージへと変わります**。同時に、耳を出すスタイルも、明るさや自信を演出します。「自信がなさそうに見られたい」と思

う人はいないと思いますので、積極的に耳を出すスタイルを取り入れてみてください。

最後に、ひとつ心にとめておいて欲しいのは「誰かになろうとしないこと」です。流行のヘアスタイルや近づけたい雰囲気などあるかと思います。でも、どんなに「あの人みたいになりたい！」と思ってマネしても、「あなた自身」の個性は滲み出ます。「あの人と同じ」にはなりません。「どうして私はこのヘアスタイルが似合わないの？」とか「私の髪質がもっと柔らかかったら」などと、ないものねだりをするのはやめましょう。そこから負け戦が始まります。あなたは自分の素材で勝負すればいいのです。

自分を印象づけたいと思ったら、この際、堂々とコンプレックスをさらけ出してしまうことです。なぜなら、**隠されると見たくなるのが人間心理**だからです。大丈夫です。堂々としていれば、誰もコンプレックスだと気づきません。

とにもかくにも髪型を整える目的は、自分の表情をしっかり見せることです。そのためにも、艶を出しておく、まめにカットに行くなどして、余計なところで減点されないようにしていきましょう。

2. 肌は口ほどにモノを言っちゃう

以前の私は「なんとなくキレイに映ればいい」と思って、適当にメイクをしている時期がありました。あるとき、リハーサルで技術スタッフから「口紅が薄くて、なんか元気がなさそうに見える」とアドバイスを受け、慌てて口紅をつけたことがあります。風邪ひとつ引かない健康体であっても、健康に「見えなければ」、他人にはわからないものです。

もちろん健康そのものも大切です。けれど、**印象においては「健康そうに見えるか」という点も重要**なのです。

ところで、あなたはどのような人に出会ったとき「この人は、第一印象がいいな！」と思いますか？　私は、「生命力を感じられる人」であるかどうかだと思っています。

異性からモテる人、仕事が軌道に乗っている人、新生活をスタートさせ胸躍らせている人などを想像してみてください。どの人も、健康的で、生命力を感じる何かがありませんか？

例えば、ピンとした背筋、目の奥に感じる輝き、スマートな動作、ハリのある声などを持っていませんか。

逆に不健康そうに見える人は、本人がいたって健康そのものであっても、周囲に不安を感じさせてしまう場合もあるのです。顔のつくりや体型の違いはもちろん、生まれや学歴、職歴などとは関係ありません。**ただ「健康的で、生命力を感じる人」ということを徹底するだけで、印象は格段に強くなります**。

ただ、この「健康でいること」は、社会人として当然のことのように思われますが、これは容易なことではありません。どんなに忙しくても、普段の食事や睡眠習慣、精神的な強さも問われるからです。たとえ、自分としては「健康」でも、相手にとって「健康に見える」印象にはズレがあります。ですから、「健康的に見える演出」が必要なのです。

その場所とは、ズバリ肌です。

例えば、

肌が荒れ放題のモデル体型の男性と、肌がプルンとした中肉中背の男性

どちらが健康的で、生命力を感じるでしょうか？
どちらに話しかけたいと思うでしょうか？

残酷な質問だと感じるかもしれませんが、それほど肌とは第一印象で非常に重要であり、「健康に見えるかどうか」を左右する場所なのです。顔の造形がいくら整っていたところで、印象がよいとは限りません。放送局の多くの男性アナウンサーは放送上、お化粧をして、自宅でも最低限のスキンケアをしています。それは、**客観的に「健康に見えるよう」自分を演出しているから**なのです。

女性はメイクで肌荒れを隠すことができますが、コンシーラーやファンデーションの厚塗りを招きます。キレイに隠せたところで、実年齢より上に見られてしまったりすることもあります。外見の印象を残すためには、メイク技術やコスメの研究をするよりも、スキンケアに重点を置いた方が断然コスパがよいです。

以前、プロのヘアメイクさんが教えてくれました。「**美容の予算の8割はスキンケアに使ったほうがいい。メイク用品はプチプラでOK。最近はとても安くても発色がよかったりして優秀なものも多い**」とのこと。

メイクとスキンケア、両方に力を入れていくのが理想ですが、経済的にも時間的にも限りがあります。ならば、「健康に見えるため」の演出をするべく、肌にお金と時間を費やしてみてはいかがでしょうか。

基礎化粧品にこだわるだけでは限界だと感じたら、美容医療の力を借りてみるのもおススメです。エステに行って心地よさを手に入れるよりも、肌のトラブルを根本から治してくれる方を選びましょう。私も不規則な生活で肌トラブルが起きたときは、一人で

名和田流　朝と夜のスキンケア

【朝のお手入れ】

ガーゼで化粧水をまわす

ぬるま湯を２～３分軽くあてる

再度ガーゼで化粧水をまわす

メイクをする

【夜のお手入れ】

クレンジングクリームを使い、
ガーゼでメイクを拭き取る

ガーゼで化粧水をまわす

ぬるま湯を２～３分軽く当てる

栄養クリームを塗る

何とかしようとせず、皮膚科にかけこみます。

なお、肌に艶があることが望ましいですが、あまり深く考える必要はありません。土台が整っていれば、艶の演出は後からいくらでもできます。女性であれば、血色がよく見えるようにチークも忘れないようにしてください。オシャレに見えるか、素敵に映っているかなどは、二の次です。**自分を客観的に見て「健康そうにみえるか」「生命力を感じるか」これを基準にメイクを仕上げていきましょう。**

男性も、朝晩に化粧水や乳液をして肌をケアすることをオススメします。肌トラブルが起きていないからケアはしなくて大丈夫！　と考えるのではなく、「健康に見えるように演出している」ととらえてください。肌のケアが行き届いている男性はとても清潔感があり、それだけで印象づき、異性からも視線を集めること間違いなしです（笑）。

3. キレイな爪から生まれる究極の清潔感

テレビ局のアナウンサーは、男性でも女性でもみんな外見に気を遣っています。キレイに見られたい、カッコよく映りたいという気持ちももちろんあります（笑）。

でも、それ以上に「**カメラに映っているものは、すべて情報である**」という認識があるからです。口紅の色、スカートの長さ、髪型、どれ一つとっても相手には情報と伝わっているのです。

そのため、服選びも仕事の一貫だと捉えています。

特に、大人数でロケをする番組では気を遣います。服の色味がかぶらないように、かつ季節感が揃うようにするため、事前にすり合わせを行います。ロケで着用する写真を各自撮影して、担当者に送ることもあります。

このように服や髪など大きな面積を占める場所は気を配る方はいらっしゃいます。

意外と差がつく場所は、爪です。

面積は小さいのですが、ここもあなたの情報を無言で伝えています。

私が知っている男性キャスターは毎日のように爪磨きをしていました。いつ見てもピカピカで、２週間に１度爪磨きのためネイルサロンに行っていると教えてくれました。キャスターとして、フリップを持つ指や、商品を触る手はしっかりカメラに映っているので、お手入れは欠かさないと語ってくれました。そこまでして、整える必要があるのか？　と疑問に思うかもしれませんが、**男性でも指先というのは意外と見られているものです。**

名刺交換で差し出す指、電話を取る手、資料を指さす爪先など、ビジネスシーンで意外に見られているのが手なのです。女性は、比較的ネイルに関心が高い人も多いため、自然と男性の爪や指を見ている傾向にあります。

知り合いの女性は、ある男性コンサルタントのセッションを受けたところ、爪と皮膚の隙間が黒く汚れ、指の毛がボーボーだったのを見て、話がまったく頭に入ってこなかったと言っていました。なぜか男性は爪をピカピカにすると気持ち悪いんじゃないかと思っている人が多いですが、女性でピカピカな爪を嫌う人はあまりいません。今は、メンズ専門のネイルサロンもあります。積極的に利用しましょう。難しい場合は、**週に1回でも爪を磨く習慣をつけましょう。**

逆に、女性はネイルが好きな人も多いので、アートやデザインで凝った感じにする人もいます。よくビジネスマナーの本には、オフィスではピンクやベージュなどの控えめな色にしましょうと言われます。

たしかに堅い職業であれば、大人しいものにする必要があるかもしれません。人は社会で暮らしているので、もちろん「世間」というものは無視できません。しかし、忘れないでほしいのは、世間の前にまずは、自分だということです。

「世間」というのは、あなたに多種多様な「役割」や「義務」を与えます。それらは無限大で、選ぶのに苦労します。でも、**「自分ありきの世間」なら、まずは自分を優先させて、**

自分の定番と呼べるものの中から、世間と合うものを選べばいいので、ラクです。

あなたが今、自分をどう見せたいか、一番印象づけたい自分像はどんな姿でしょうか。それが何かという基準があれば、自分の定番も見つかり、自分が納得できるネイルも見極められます。

「ネイルなんてしている時間がない！」「ネイルは可愛いと思うけど、面倒くさい」という、私のようなズボラさんはこの3点を押さえておきましょう。

1、週に1度、爪磨きをする
2、こまめに切る
3、経済的余裕があったら、全部サロンに任せる

とにもかくにも放置しておくことは避けましょう。また、いかなる場合でも小指だけを伸ばすというのはありえません。清潔感がダダ下がります。決してなさらないようにご注意ください……。

爪のお手入れ

道具を揃えましょう

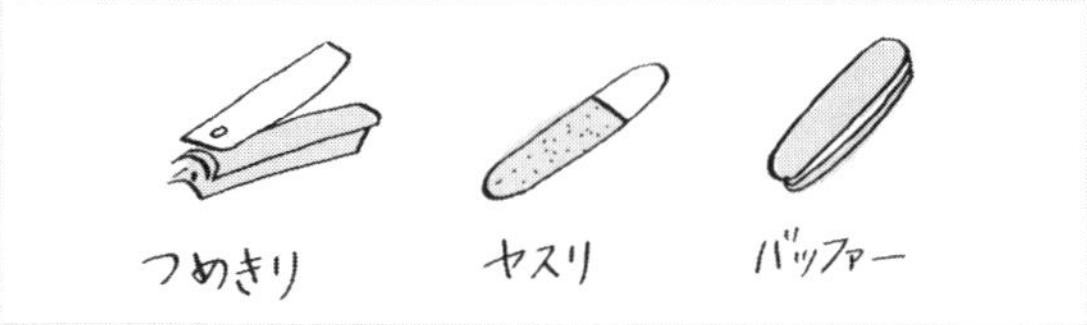

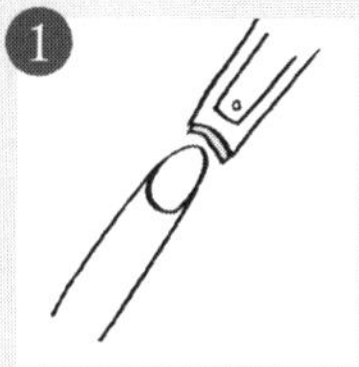

爪をカット

先の白い部分を１ミリ程度残すのを目安に、端から細かくカットしていきます。２週間に一度が目安です。

ヤスリをかける

切断面にヤスリをかけて凹凸をなくします。ヤスリは往復させるのではなく、一方向にかけていきます。

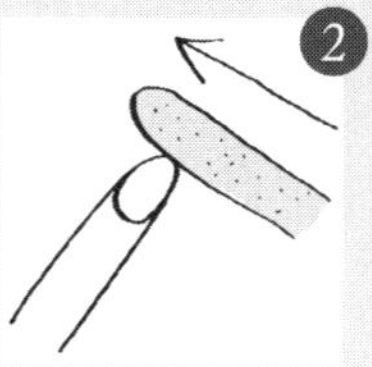

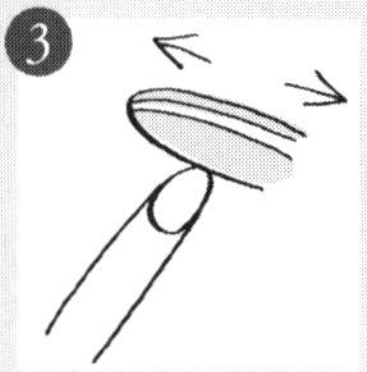

バッファーで磨く

バッファーで爪の表面を磨きます。爪にしっかり圧力がかかるよう、グッと力を入れて磨くと、ピカピカに。

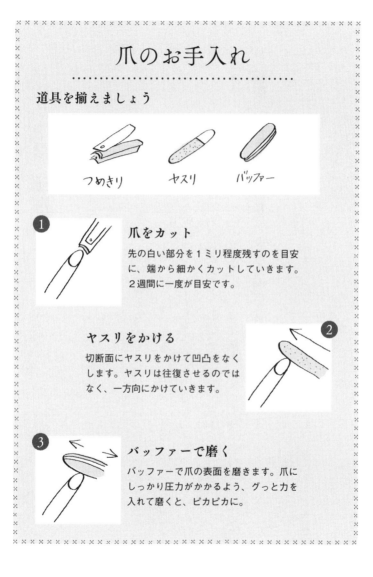

4 足元に気を遣う＝デキる人

取材を通じて、大勢のビジネスマンやビジネスウーマンにお会いしてきました。

中でも、各業界のオピニオンリーダーや、急成長しているベンチャー企業の社長などオーラをまとった人と接する機会が多くあります。そんな中でも、一瞬で「この人は仕事ができそう！」と思わせる人には見た目の特徴があります。それは足元です。

品質のよさにこだわっているのではありません。**革靴、スニーカー、パンプス、あらゆる種類の靴を見てきましたが、どれもお手入れが行き届いている**のです。

数年前に、テレビのコメンテーターなどでもお見かけする女性経営者にお会いしたのですが、美しい脚とベージュの品のよいハイヒールに思わずうっとりしてしまいました。

どれほど体に沿った高級スーツを身に着けていても、かかとがすり減っていたり靴が汚れていれば、「**細かいところに目が行き届かない人なのかな？**」と思われます。そういう意味で、経営者になると一目で判断されるシビアな場面があるので、足元にも気を遣っているのではないでしょうか。

靴にまで気を配ることができるようになると、仕事においても、しっかりと全体像を見渡しかつ、細かいところにまで目が行き届く人になっていくともいえます。

靴が好きな人は大丈夫ですが、靴に無関心な人は靴の汚れや、靴の大切さを疎かにしがちです。「人間は見た目だけではない！」という主張もありますが、**本音を包み隠さずにいえば人は見た目でほぼ決まります**。どんなに素晴らしい人でも、ボロボロの靴を履いていたら一気に冷めていきます。靴で印象を高めるために重要なことは、**「加点を狙うのではなく、減点されないようにする」**ことです。

ポイントは3つです。

1、自分の足に合った型で、5万円以上の靴を1足持つ。

2、ショッピングの前に、靴修理屋に行く。
3、靴をしまうときは、靴底まで拭く。

まず、自分に合った靴を選ぶようにしましょう。

靴はデザインや価格、ブランドだけで決めてしまう人もいますが、足に合っていない靴を買うと必ず靴ズレや痛みが生じます。そのたびに絆創膏を貼ったり、予備の靴を用意したり、歩けないから仕方なくタクシーに乗ったりと、結果的にお金がかかってしまうのです。ですから、最初から足に合った靴を選びましょう。

または、時間とともに馴染んでくる良質な素材のものを履いてください。3時間以上履ける靴ならば、問題ないでしょう。


最近は安く手に入る靴が多いので、2000円前後でもパンプスが買えます。

私も20代は安価なパンプスを大量に購入しては、その都度履き潰していました。しかし、そのお金があったら、5万円以上する靴を1足でも買えばよかったと今では後悔しております……。なぜなら、高級靴は買った直後は高く感じますが、**何年も修理をしな**

がら大事に履いていけば、じゅうぶん元が取れるからです。

何より、経営者や会社役員の方ほど相手の靴を見ています。「足元を見る」ということわざがあるように、まさに靴を見て、生活習慣、人柄、仕事の仕方、収入などを判断しています。高価な靴を毎日履く必要はありません。ですが、大事な人と会うときのために1足は持っておくと必ず心強い味方になってくれます。

くたびれた靴や、ハイヒールのかかと部分がすり減って「カンカン」と音を立てている姿は、誰にもよい印象を与えません。自分だけが恥ずかしい思いをするのではなく、一緒にいる同僚や上司にも迷惑をかけてしまいます。

大事なのは、靴を買う頻度よりも、修理に行く頻度を増やすことです。

いちいち修理に出すのは億劫に感じるかもしれませんが、靴が汚れているというだけでマイナス評価に繋がることがあります。1000〜2000円の修理代金をケチって、評価があがることは決してありません。ぜひ、1〜2ヶ月に1回はメンテナンスに出しましょう。スニーカーなどカジュアルな靴もクリーニングに出したり、白さを保つクリームを塗ったりして、できるだけ時間や手間をかけておくことです。白い部分を白く、光沢がある場所には光沢を、このひと手間で印象が全然違って見えます。

玄関には、専用の布やウェットティッシュを用意しておき、家に帰ってきたら、靴底をキレイに拭きます。

靴の底には、シールのようなベタっとしたものや小さなガムっぽいものがへばり付いていたり、滑り止めの溝の部分に小石が挟まっていたりします。靴底は想像以上に汚れています。この汚れた靴底のままで、他社やお客様の店や自宅に伺うと、床や玄関、フロアを汚す可能性があるのです。もちろん、歩いていると靴底は汚れますが、靴底までも注意を払うという意識をもつことがポイントです。

なお、男性は木製のシューキーパーを買うなどして、革靴のつま先が天を向かないように保管しておくとよいでしょう。

オシャレは足元からという言葉もありますが、ことビジネスシーンにおいては、最初はオシャレとか素敵といった加点評価を狙う必要はありません。まずは清潔感を保ち、減点されないように心がけるだけでＯＫです。

5 センス不要！ 自分のNG服を知っているだけでOK

勢の中にいても、目を引く人は、美しい顔立ちでモデル体型の方、だけではありません。**体型や雰囲気に合った服を着ることで、目にとまる確率が上がります**。

それはつまり、人にはそれぞれ、「自身の体型」によって似合わない生地、NG服があるということです。どんなに計画的に自分を印象づける戦略を練っても、NGなものを選べば一発アウトです。もっさりとして、垢抜けなくなり、太って見えることもあります。**全身の印象がNG服によって、左右されてしまう**のです。

昔、私が勤めていた局にはアナウンサーの衣装部屋がありました。

先輩がツイードのジャケットを颯爽と着ていて「素敵だなー！ 今度私も同じのを着

よう」と思い、数日後同じものを着用しニュースを読んだのです。このとき、画面越しに自分を見ると、どうもしっくりこないわけです。丸顔がより丸く、短い首がより短く見えるのです。先輩の女性スタッフが「名和田ちゃんは、そういうの似合わないよ。別のジャケットの方がイイと思うよ」と親切に教えてくれました。

それでもどこか納得いかず……、家のクローゼットを見てみました。そこには、やはり着ると太って見えてしまい、気に入って買ったものの出番がない服がありました。これも、ツイードジャケットだったのです。

私は、「骨格診断」でいうといわゆるストレートタイプでした。**骨格診断とは、骨と筋肉と肌の質感などで、その人に合った生地やスタイルを見極めるもの**です。

私はこの方法を見つけてから、効率よく「ＮＧ服」を避けられ、無駄な買い物をしなくて済むようになりました。

丁寧に診断するには直接プロの目で体型を見る必要がありますが、ここでは大まかに自分の体型を判断してみてください。３タイプあります。

・ストレートタイプ

・ウェーブタイプ
・ナチュラルタイプ

ストレートタイプの特徴を下にまとめました。
この骨格の方が得意なのは、

・シンプルなVネックニット
・ベーシックな白シャツ、ストライプシャツ
・タイトスカート
・センタープレスパンツ

苦手なのは、

・チュニック
・首元の詰まったデザイン

【ストレートタイプの主な特徴】

・下半身に比べ、上半身が太い
・体の大きさに比べ、手足が小さめ
・ひざ下が細い
・筋肉がつきやすく落ちにくい
・鎖骨が目立たない
・バスト位置が高い
・はと胸

・ダメージ加工ジーンズや、しわ加工

ウェーブタイプは、線の細い緩やかな体型で、体の厚みがなく、下重心な体の特徴があります。

この骨格の方が得意なのは、

・丸襟シャツ、クルーネックといった丸い襟
・柔らかくてふんわりした素材のトップス
・シャネルツイードのようなジャケット
・ゆらゆら揺れるドレープのきいたスカート

苦手なのは、

・首元が開いたトップス
・生地の固いトレンチコート

【ウェーブタイプの主な特徴】

・骨格がしっかりしている
・肩幅がある
・体の大きさに対し、手足が大きい
・指の関節が目立つ
・胸やお尻が目立たず、肉感がない

・着丈長めのジャケット
・ローウエスト

ナチュラルタイプは下記のようにフレームのしっかりしたスタイリッシュな体型です。

この骨格の方が得意なのは、

・素材に粗さや凹凸感といった味のあるもの
・重ね着やアシンメトリーなデザイン
・遊びごころのあるモードなデザイン
・バッグなど小物は中性的、個性的なもの

苦手なのは、

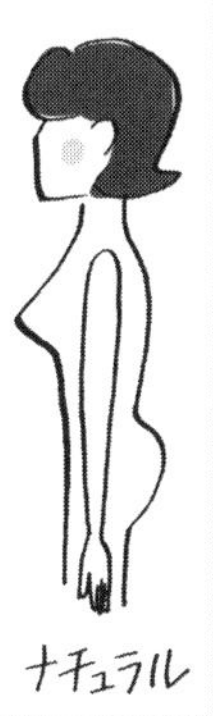

【ナチュラルタイプの主な特徴】

・下半身が太い
・筋肉が落ちやすい
・首が長い
・二の腕が細い
・バストの位置が低い
・胸板が薄い
・脚が短く見えやすい

・張りのあるつるんとした素材のスーツ
・フォーマル服や制服
・スキニーパンツなどフィットするもの
・女性らしい甘めのデザイン

自分の本来のよさを活かすために、ＮＧなデザインや生地感を知っておくことです。**「なんで似合わないんだろう」「なんか太って見える」というのは、センスの問題ではなく、骨格に合わないだけかもしれません。**

ＮＧを避け、印象の底上げを狙いましょう。

6. 自分のイメージカラーで視線を奪う

「放送で着ている服って、衣装？　自前？」非常によく質問されます（笑）。

アナウンサーの衣装事情は放送局によって違います。

専属スタイリストさんがいる局もあれば、全部自前の衣装で出演する局もあります。

私が勤務した局では、共通の衣装が50着以上ありました。

「あの服、○○さんも着てなかった？」と見ている方にバレないように、期間をあけたりするなど配慮して着用します（苦笑）。いずれにしても事前にディレクターと相談して着用するものを決めます。司会のときなどはスポンサーの意向を必ず確認します。

例えば、同じようなイベントでも、ネイビーのきっちりしたパンツスーツを着て欲しいという会社と、明るい色の華やかなスーツやワンピースにしてほしいという会社があるのです。**アナウンサーの衣装は自分ひとりでは決められないもの**なんです。

そもそもビジネスファッションは相手のために装うものです。

極めてシンプルなことですが、相手の事情に合わせて服を選ぶ必要があります。自分が楽しむためのファッションは、プライベートでやるしかありません。

また、クールビズがいくら浸透しても、かりゆしウェアやアロハシャツでの出社を受け入れる会社はほぼないですよね。相手に失礼のないようにスーツを着ることやオフィスに相応しいスタイルが求められます。

ビジネスだけでありません。プライベートでも結婚式やパーティーなどでも同じことがいえます。会社ならオフィスカジュアル、お呼ばれなら華やいだファッションに身を包むのが、マナーです。

しかし、だからといって、暗黙のルールにばかり囚われていては、大勢の中にすっぽりと埋もれてしまいます。目指すべきことは、一見定番なスタイルなのに、個性を感じさせるスタイルです。それは「**全体の10％に自分のこだわりを加える**」ことで、可能になります。

例えば、女性なら、靴やバッグ、名刺入れ、アクセサリーなどに、1つこだわりを加えます。

このとき、自分のなりたい姿と、こだわりポイントをリンクさせることです。

具体的には「積極的な営業だと思われたいから、赤」「癒しの仕事で、お客さんを和ませたいから薄緑」「自社のロゴマークが星だから、星モチーフ」などです。こういったイメージをつくる中心的な役割を果たすのが、1つの色やモチーフなのです。これがあなた自身の情報を相手に届けるものとなります。

男性ならスーツは飾りのないシンプルなものでも、ネクタイは流行りのブランドものであったり、時計や靴などでさりげなく自分をアピールするなどです。

とは言え、必ずしも高級ブランドを身に着ける必要はありません。

どこかに1つ、全体の10％以内に「おお、素敵ですね」「変わってますね」「こだわってるでしょ？」というようなアイテムを投入します。それもやはり、見せたい姿をメッセージとして届けるものだと効果的なのです。

とてもわかりやすいのが政治家のファッションです。

日本の政治家の多くは「イメージカラー」をもっています。ポスターやのぼり、ウグイス嬢や事務所スタッフのTシャツやジャンパーなどにその色は使われます。男性の政治家ならばイメージカラーのネクタイを締めることが多いでしょう。女性の場合はスーツの色に反映されます。

2013年の参議院選挙で、激戦の東京選挙区を1位で制した自民党の丸川珠代議員は赤色、民主党の蓮舫議員は白色、参院選の敗北を受け社民党党首を辞任した福島瑞穂議員はピンク色のスーツが「勝負服」になっていました。

日本の選挙の基本は、有権者に覚えてもらうことです。このため政治家は派手な色をイメージカラーにして、その色を身にまとうようになるのです。女性の場合、派手なスーツは選挙を勝ち抜く「武装」ともいえます。

私もこの数年間「青」をメインカラーにすえ、ワンピースや名刺入れなどに取り入れました。**青にした理由は、「知性的に見られたい」と思ったから**です。講師としての活動も増え、自分より年上の方の前で話すことが多くなったため、知的な印象が素直に欲しかったのです（笑）。
私たちは政治家のように全身で表現する必要はありませんが、色にはそれぞれ与える印象があることは覚えておくとよいでしょう。

戦隊物でもリーダーは赤で、頭脳派は青、ムードメーカーは黄色、ヒロインはピンクであることが多いですよね。自分が印象づけたい姿はどのようなものでしょうか？　それに見合った色やモチーフを選び、自分を取り巻く全体の10％に取り入れてみてください。
色やモチーフは、印象づけたい自分を伝えるアイテムの1つです。**ポイントとなる場所に、相手が「おっ！」と刺さるようにだけ使用することが肝心**です。

【色が与えるイメージ】
- 赤……活動的。リーダーシップ。情熱的。
- 橙……親しみやすい。活発。明るく開放的。
- 黄……明るい。無邪気。若々しさ。
- 緑……優しげ。誠実。個性的。
- 青……知的。爽やか。落ち着いている。
- 紫……神秘的。色っぽい。個性的。
- 白……清潔。真面目。上品。
- 灰……真面目。地味。都会的。
- 黒……強い。都会的。真面目。

7. ニオイは顔よりも記憶に残る！

これはあまり言いたくなかったのですが、私は自分の口臭に10代からずっと悩んできました。

高校生の頃、親に「あんた、口がドブくさいよ？」と言われて以来、人と近くで話すときは必ず口を手でおさえていました。

朝晩、食後、収録の前後、イベントの前、会議室で打ち合わせするとき、欠かさず歯を磨きました。

便秘がニオイの原因ではないかと思って、評判がよい便秘薬も一通り試しました。

それでも、自分でなんだか臭う気がしていたのです。近しい友人や知人から直接言われないものの内心「きっと臭いのを我慢してくれているんだろうな、ごめん」と思っていたり（苦笑）。カメラが回ってないときは、無意識に口元をおさえるのが癖になっていました。10年以上、口臭コンプレックスがあったのです。30歳を過ぎたある日、10代に虫歯治療した部分が欠けてしまったようなので、歯医者に行きました。

すると一言。「あー。歯周病ですね」

歯科医師によれば「日本の成人の80パーセントは歯周病で、自覚がない。口臭の原因の90パーセントは、口の中で起き、その他の内臓疾患などで引き起こされるのはマレ」だそうです。その後、**虫歯治療を全部やり直し、正しい歯磨きを丁寧に実践してからは、今までのコンプレックスがウソのように口臭がまったく気にならなくなりました。**

口臭はデリケートな問題です。仕事上であっても、親しい間柄だとしても、面と向かって、「あなたの口、クサイよ?」と言える人はなかなかいません。

歯に海苔がついていても指摘しづらいのですから、口臭なんてもってのほかです。ズバッと言ってくれる人が近くにいる場合はいいですが、自分自身が気づかないと口臭に対する意識は向かないものです。私たち日本人は、痛みなど「何かあったとき」に歯医者に行く傾向がありますが、口臭対策のためにも「何もなくても」歯医者に行く習慣をつけたいところです。

決して忘れてはならないのが、口臭は強烈に不潔な印象を与えるということです。口臭があるだけで、どんなに感じがよかったとしても、即バツがつきます。接客業や営業などの方は「ここまでやる？」という変態レベルまで口臭対策を行ったほうがいいかもしれません。目安としては、歯医者さんで褒められるようになるレベルです。

「毎食後、歯磨きを欠かさないから私は大丈夫」と思っている人も、実は歯周病である可能性が高いです（私のように！）。歯ブラシだけでは、口臭は防げません。口臭対策として最低限やることは、こちらの手順です。

マウスウォッシュ　↓　デンタルフロス　↓　歯磨き

歯の汚れを１００％とした場合、歯ブラシで清掃できる割合は全体の60％程度。デンタルフロスや歯間ブラシを用いた場合は約80％まで清掃効果が向上するといわれています。デンタルフロスや歯間ブラシを活用して、徹底的に歯垢を除去しましょう。

口臭対策として、ミント系のタブレットやガムを買って、口臭対策をしているつもりになっている人がいますが、根本的な解決にはなりません。歯と歯茎の間の汚れがニオイを発生させているのですから、まずはそれを取り除くことからです。

さらに気をつけるべきことは、

- 人と会う前はコーヒーを飲まない（独特のコーヒー臭がする場合があるから）
- 出されたコーヒーは飲むが、次に人に会うときまでに歯磨き、フロスを行う
- タバコを吸わない
- 歯医者に3ヶ月に1度は絶対に行く
- 歯ブラシセットを常時バッグにいれておく

などです。

かかりつけの歯科医師曰く、**口の中には、その方のマナー、身だしなみ、生活のすべてが現れている**といいます。言ってしまえば、**自分の臭いに敏感ということは、相手への気遣いができる**ということです。どんなにオシャレな服装や持ち物で着飾っていても、自分が発する臭いに無頓着な人は、自己管理ができていないと見なされても仕方ありません。目に見えないものに気を配れることも、コミュニケーションの一貫と考えてみてはいかがでしょうか。

自分自身をどれだけ磨いても、「口がクサイ」というだけで、印象が悪くなるなんて、とんでもなく損なことです。周囲の人は気を遣ってなかなか教えてくれません。自分自身がやり過ぎと思うくらいがベストです。ぜひ変態レベルまで、口臭ケアを心がけていきましょう。

【第四章】

「また会いたい」と思わせる話し方の仕掛け

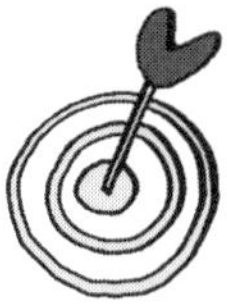

1. 自分の話は「話足りない」くらいに留めるのが正解

「職場の同僚とは気軽に話せる。だけど、仕事相手とうまいこと会話できない」というお客様がいらっしゃいました。

この方は30代会社員の男性で、プレゼンについてお悩みでした。話を進めていくうちに、自分から積極的に話さなくていけないと思い込んでいることがわかりました。こういう場合は決まってお伝えします。

「**無理して話さなくていいんですよ**」

多くの人が自分を印象づけたい！　と気負うと人の話ばかり聞いていられなくなり

ます（笑）。声を出して自分の存在をアピールしなくては！　と無意識で自分にプレッシャーをかけてしまい、大切な相手の前になればなるほど肩に力が入ってしまうのです。

相手の話を聞くこともマナーだとわかっていても、自己アピールしようとする気持ちが強すぎると、つい「一人語り」「ひとり演説」に陥ります。

しかし、大前提としてお伝えしたいのは、**印象に残るためには、相手に気持ちよく自分の話をしてもらうこと**です。

これが自己アピールの最短ルートです。

自分の話を聞いて欲しいとは、つまり自分を理解してもらいたいということ。

話を聞いてもらえるだけで、理解してもらえたと感じ、人はホッとするものです。

話を聞くことは、相手を癒していることにもなっているのです。

ですから、相手に気持ちよく話してもらうことができるというのは、それだけで自分を印象づける大きな武器になります。

1対1の営業のときはもちろんですが、**プレゼンやスピーチなど「1対n（集団・多**

数）」でいるときも、相手に話をしていただく意識は大事です。


実は、この話をすると必ずといっていいほど聞かれます。

「なぜ1対集団のときも、相手に話してもらう意識が必要なのですか？」

「スピーチなんて、こっちが一方的に喋っていい立場ですよね？」

たしかに、プレゼンやスピーチ、講演やセミナーでは話し手が一方的に伝える立場にあります。大人なので、聞き手もじっと聞く姿勢をとってくれることがほとんどでしょう。

でも、どんなケースであれ聞き手には話してもらう時間をつくると、そうではない場合に比べ圧倒的に印象づきます。

例えば、セミナーを開催するときも、

- **簡単な質問をして全員に手を挙げてもらう**
- **誰かを指名して質問に答えてもらう**
- **参加者の個別質問や相談を募る**

など、自分以外の人に話を振る時間を設けることで、会場に参加意識が生まれます。人気のセミナー講師や講演家は必ずといっていいほど聞き手と「会話」しています。落語がとてもよい例です。噺家さん一人で話しているように見えますが、お客さんの反応を伺いながら、声量を変えたり、ネタを変えたりしています。言葉は交わさないものの、お客さんと「会話」しています。一方的に準備してきたことだけを話すと、聞き手は置いてけぼりになってしまうからです。

これは恋愛の場面でもいえることです。

私の友人の話ですが、職場の男性から食事に誘われ行ってみたら、ずーっと安土桃山時代や平安時代など歴史の話を聞かされたとのこと。彼女はてっきり仕事のことで怒られるとばかり思っていたので、いつ怒られるんだろうとビクビクしながら聞き役に徹したそうです。

一方の男性は、怒る気持ちなど最初からなく**「この子は自分の話を聞いてくれた、自**

分を理解してくれる。やっぱりいい子だ！」と思ったそうです。女性側が勘違いし、ただ話を必死に聞いていただけなのですが（笑）。男性は彼女をすぐ気に入ったそうです。

ビジネスシーンであろうとなかろうと、とにもかくにも相手に印象を残そうと思ったら、まず話を聞くことです。とはいえ、相手にしゃべらせてばかりだと相手も疲れてしまいます。**目安として会話全体の2割は自分が話をしたほうがいいでしょう。**

自分の話といっても大それたことではありません。

主に3つのことを順不同で行いましょう。

1、リアクション
2、感想
3、質問

自分をアピールしたいと思ったら、無理して話さなくていいのです。

相手に8割話してもらえれば、それだけでじゅうぶんなのです。

会話が弾む3つの反応

①「リアクション」

「ほー」「わお！」「いいね」「すごい！」など相手が話したことに短く反応すること。日本人は欧米人に比べ表情が乏しいと言われています。自分ではちょっと大袈裟かなと思うくらいが相手に伝わるレベルです。素早く反応することで、聞いてもらえてるなーという安心感を抱いてもらえます。

②「感　想」

感想は短めに、「よかったね！」「それは残念でしたね」「立派だと思いますよ」など一言感想を添えればOK。ただし、相手の価値観や行動をハナから全否定するのは避けたいところ。もし気が引くようなことを言われても「お、それはちょっとびっくりですね」など軽く流しておきましょう。

③「質　問」

質問は素直に聞くことを意識。たまに矢継ぎ早に質問する方がいますが、これでは相手が疲れてしまいます。素直に自分が聞きたいと思ったことを聞こうとすると考える「間（ま）」ができます。その場の沈黙を埋めるためではなく、ふと浮かんだことを聞くようにするとスムーズでしょう。

※質問の仕方は、本書の第五章で詳しく述べています。そちらも御覧ください。

2 とにかく一文を短く話すが勝ち

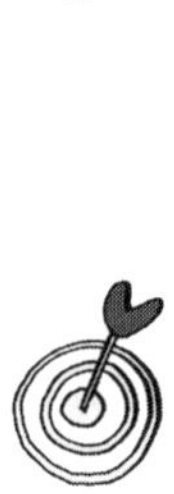

テレビで中継リポートを担当するときは、ほぼ自分の言葉で話しています。

通常、アナウンサーの手元には台本や原稿がありますが、中継の台本だけはあってないようなものです。中継の状況は天候や曜日などによって刻一刻と変わりますし、現場で取材したことを付け加えることもあるため、臨機応変にコメントを対応させていく必要があるからです。

自分の言葉で伝えるという状況で特に心がけていることは**「一文を短く伝えること」**です。例えば　百貨店からの中継。海産物やデザートを次々に紹介する場合。

「ご覧のように、たらこ、すじこ、数の子と海産物が並んでいまして、お父さんの酒の肴にいいかと思うんですけれども、お隣に移りますと、大人気のチーズケーキもあるん

ですが、ひとついただけますか？」

以前の私は一文を長――く伝えてしまうことが多かったのです……。

自分でもあたふたして頭が整理しきれてないので、ダラダラ伝えてしまうのです。

でも、そんな私に先輩方が黙っているはずもなく**「一文をちゃんと区切りなさい。〝～ですけれども〟は禁止！」**と諭されました。以来、会社の行き帰りにブツブツ「ひとり実況」の練習をしていました。

「今、自転車に乗っています。ボブヘアの女子高校生が目の前を通り過ぎました。モクレンの花が咲いています。白い花びらが凛としています。とても美しいです」

目に見えたものを短い一文でひたすら口にする「ひとり実況」練習のかいあってか、自分の言葉で伝えなくてはいけない状況のときに、ダラダラ話すことはなくなりました。

自分の話をわかりやすく、印象強く伝えたければ「1文を短く」話してみるとよいで

しょう。目安は70文字くらいです。あくまで目安として覚えておいてください。

1文を短くするというのは、話し始めから「。」までに主語と述語を一つずつにすることです。主語と述語をはっきりさせておくことは聞き手にとっても話し手にとっても、非常に重要です。なぜでしょうか？

【聞き手】

まず、話を聞く側は内容全体を把握しようと思って耳を傾けています。

だから「。」が来るまで、すべての情報を頭の中に記憶しておこうとします。

話を理解するためには、さまざまな情報を気にかけながら、話を聞かなければいけません。

そのため、**「。」がないと、理解することよりも情報を一個一個ストックしておくことに必死になってしまう**んです。

情報を記憶することに、余計な力を使ってしまうのです。

ですから、相手の話を理解するところまで行き着かなくなってしまうんです。

当然、話が分かりにくいと感じさせ、何の印象も残らない結果となってしまいます。

逆に、**一つの文章が短くなったら（主語と述語が明確なら）相手が記憶しておかなければならない情報は少なくなります**。その結果、情報を記憶することより、話を理解することに脳のパワーを使えます。ですから話がわかりやすく伝わるのです。

【話し手】

私たちは丁寧に話しているつもりなのに、結果としてまどろっこしい言い回しになってしまうことがあります。

例えば「～ですけれども」「～でして」「～でございますが」、これらは非常に便利な言葉で日常でも多用してしまいます。

しかし、文章の末尾を「、」でつなぐことができる日本語に慣れてしまうと、自分が何を喋っているのか途中でわからなくなってしまう事態が起きます。というのも、**情報がだらだらと続いてしまうため、頭で情報を整理しながら伝えられなくなる**のです。

「、」で話を繋がず、「。」で一文を短く話していくことは、話し手として情報を整理することにもなるのです。

「あれ？　今何を話していたんだっけ？　どこまで話したんだっけ？」と途中でわから

なくなってしまう人は、「。」を意識して話すことだけで、ずいぶん解消されるはずです。

とはいえ、場合によってはどうしても長くなってしまうということもあります。

そんなときでも**「接続詞はひとつまで」**です。

そうすればむやみに長くて、意味の分からない話には聞こえません。

仕事でもプライベートでも、意識するだけで人物の印象まで変わってくるでしょう。

継続的にコンサルを受けてくださったお客様で「人を動かせるように影響力を持って伝えたい」という30代の女性がいました。この方には、ビジネスの現場のみならず家族との会話でも、一文を短くすることを徹底してもらいました。ひとつの生活習慣として取り入れてもらうようお願いしたのです。

すると、みるみるうちに自信のある話し方に変わっていきました。

実際に影響力を持ち始めたタイミングでもあったと思いますが、**100人規模で競う企業コンテストで見事1位に！**　2000人がいる前で優勝スピーチをしたと後日報告してくださいました。

面白いことに、影響力のある経営者や政治家、芸能人もほぼ全員（！）一文が短いです。経営コンサルタントの大前研一さんが主催する食事会に何度か出席したことがありますが、やはり一文がとっても短い挨拶でした。

「来てくれてありがとうございます。本当に皆さんのおかげです。今日いっぱいお酒あります。じゃんじゃん飲んでください。美味しいものもご覧のようにたくさんあるでしょー？　早く食べたいから挨拶はこれくらいにします！（一同爆笑）」


なにか特別なことを言っているわけではありません。

ただ「すっきり伝わるだけ」です。

「なーんだ、それだけのことか」と思うかもしれません。しかし、たったそれだけの些細なことで、誰も意識しないからこそ人と大きく差が開くのです。

人にわかりやすく伝えることができるか否かは、印象を大きく左右するものです。

「、」ではなく「。」を普段から意識してみてください。

3. 名前を呼びかけて、思いのままに動かすコツ

私は毎回のように違う現場で、初対面のスタッフと仕事をします。

このとき、**できるだけ相手の名前を呼ぶように意識しています。**

たとえ、1～2時間の仕事であってもです。とにかく忘れっぽいので、スマホにメモをしたり、別のスタッフに名前を聞くこともあります。

「えっと、ごめんなさい！　さっきメモしていなくて、あの方のお名前……？」といって、何とか切り抜けることも多々あります。多少の恥をかいてでも、相手の名前を呼ぶようにしているのです。

これは相手に「重要だと思っている」ことを伝えるためです。

それと、相手に名前を呼ばれない寂しさを味わってほしくないからでもあります。「名和田さん」と呼ばれず、現場でときどき「アナウンサーさん」「司会者さん」「ナレーターさん」と呼ばれることがあります。一緒に仕事をしているにもかかわらず、肩書だけで呼ばれると思いのほか寂しいものです……。

相手の名前を大切に思い、名前を覚えて呼ぶことは、その人を大切に思っていることを伝える行為になります。どんな相手に対しても会話をするときには、言葉の端々に、話しかける相手の名前を入れるようにすると、圧倒的に好印象です。

「○○さん、このイベントおもしろいですよ」
「それは流石ですね、◎◎さん」
「ところで、△△さん」

という具合に、できるだけ相手の名前を呼ぶことです。

これは、**心理学で「ネームコーリング」と呼ばれるもの**です。

人間は、無意識に自分の名前を好ましいものと感じています。

たとえば、レストランでお客様と呼ばれるよりも「○○様」と呼ばれたほうが、気分よく入ることができます。それだけ人にとって、自分の名前は心地よい響きなのです。

また、会話の途中で何度も相手の名前を呼ぶと相手は「この人は自分に好意を持っているようだ」と感じます。すると好意の返報性により、相手も自分に好意を持つようになるのです（好意の返報性とはプレゼントをもらったときに何かお返しをしなくては！という気持ちが作用することです）。

ときどき名前で呼ぶことに遠慮してしまう方がいますが、これは逆効果です。

「君」や「あなた」と呼ぶのは「私は関心を持たれていない」ととらえられてしまうからです。ほんの少しの時間を過ごすだけの仕事相手だったとしても、相手の名前を聞き、積極的に口にするとよいでしょう。

名前を呼ぶことは、このような効果もあります。

1、承認欲求を満たす

人は承認欲求という、他者から認めてもらいたい欲求があります

名前を呼ぶことは、相手をその人個人と認めた上で話をすることと同じです。つまり、相手の承認欲求を満たすことができるのです。

2、単純接触効果で仲良くなる

単純接触効果とは、人と繰り返し会っていると、好感度や印象が高まるという心理学の効果です。繰り返し名前を呼んで接することで、相手は無意識に自分が必要とされていると思ってくれます。

３、相手と顔を合わせることができる

人とコミュニケーションをとるとき、目と目を合わせないと不安に感じたり、不快に感じたりしてしまいます。名前を呼ぶことで、お互いが顔を向け合うので自分も相手も目を見て話すことができます。

補足になりますが、名刺交換をしたあとに早速名前で呼ぶのはもちろんのこと、**珍しい苗字の人には「ご出身はどちらなんですか？」と聞くのもアリ**です。名前に興味を持つとはつまり、相手に興味を示すことでもあるからです。

また、相手を名前で呼ぶと自分も名前で呼ばれる機会が増え、自然と関係性も深まっていきます。ただし、名前で呼ぶタイミング・回数を間違えると、これまた逆効果になることがあるので要注意です。

あなたは仕事中ボーっとしていたときに上司に「○○～！」って呼ばれてビクッとした経験はありませんか？　実は、名前で呼ばれることは、相手に緊張感を与えることもあるんです。

ですから、タイミングを見計らって、適度に呼ぶとよいでしょう。

具体的には、

【まだ関係が浅いケース】
30分程度の会話の場合、はじめの5分間に2～3回
会話の最後に1回程度

【関係性が築けているケース】
同じく30分程度の会話の場合、7～8回
会話の最後に1回程度

共通して会話の最後に必ず「〇〇さん、今日はありがとうございます」と添えると、丁寧な印象になります。終わりよければすべてよしとはよく言います。次に繋げたい相手にはできるだけ名前を呼ぶといいでしょう。

名前は生まれてから何度も何度も聞いています。自然と愛着がわいています。その名前を呼ばれることは安心感にも繋がるのです。

仮に知り合いがほとんどいないような場所で、突然自分の名前が呼ばれたら、「私のことを知ってくれている人がいる」と思い、安心できますよね。人はみな自分の名前に親しみがあるのです。

遠慮は不要です。

「あなた」「キミ」ではなく名前で呼ぶことに慣れていきましょう。

安心してください。多くの人が自分の名前が好きで、名前で呼ばれることが大好きですよ。

4 ツカミのフレーズで相手をぐいっと惹きつける

「テレビをじーっと見ている人はほぼいない。ながら見、ながら聞きしている人たちが私たちのお客さん（視聴者）。なんとなーく見ている人たちでも、思わず振り向いてしまったり、記憶に残るように伝えなくちゃいけないよね」

これはテレビやラジオの中で働く人たちの共通認識です。

どんなによい番組をつくり、とっておき情報を伝えようとしたところで、相手の聞く耳がこちらを向いていなければ、何の意味もありません。**自分が本当に伝えたいことの「前」に、人が振り向くような言葉を選ぶのがアナウンサーの仕事でもある**のです。

では、どうすれば相手の目や耳を自分に向かせることができるでしょうか？

それは、**相手に「これは自分に関係ある情報だ！」と思わせること**です。

経営者として有名なフィリップ・コトラーは、人が情報を入手する際、３つのバイアス（心理的偏り）がかかると提唱しました。

「選択的注意」（人は自分の聞きたいことしか聞けない）
「選択的記憶」（自分の覚えたいものだけを覚える）
「選択的歪曲」（自分の都合のいいように解釈する）

大まかに説明します。

まず、人は自分にとって嫌な情報は聞きいれません（笑）。メッセージを受け取ったときに耳に痛いことなどは、簡単にスルーします。逆に自分にとって都合がよいことや得たいと思っていたことは、すんなりと聞けるのです。

次に、人はとにかく自分の覚えたいものだけを抽出して記憶します。

だから逆に嫌なことや興味のないことは、すぐに忘れてしまいます。

そして、新しい情報を受け取っても、いろいろと考えるうちに、自分の都合のいいように解釈を変えてしまうのです。

つまり！

人は興味のあることしか「聞けない」「覚えられない」「理解できない」のです。

これを踏まえると、そもそも聞き手に関係のある話しか耳を向けてくれないということになります。他人ごとは聞いてくれませんが、自分ごとは聞いてしまうのです。ですから、人に伝えたいことがあるときは、**「これはあなたに関係あることですよー！」と明確に示すような、ツカミが必要**です。

顔ヨガを教えている講師の女性が「惹きつける話し方をしたい」とコンサルを受けてくださったときは、このようにお伝えしました。

40～50代女性向けワークショップの場合は、

「久々の同窓会で変わらないね！　と思われたらうれしいですよね？」

「フェイスラインのたるみ！　お化粧には限界がありますよね」

就活生向けセミナーの場合は、

「面接官に会って３秒で笑顔をつくれる自信のある人いますか？」

「鋭い質問をされたとき自分の表情はどうなっているでしょう？」


などワークやセミナーに「入る前」に、相手に関係することを言うのです。

「自分に関係ある話だ！」と思った相手は、あなたの話を最初から関心を持って聞かざるを得なくなります。


ここで大事なのは、ツカミに内容や文章の正しさは求めなくていいこと。

人は文章に反応するのではなく、キーワードに反応するものだからです。

相手によって使うキーワードは変えます。

先ほどの場合は、

「同窓会」「アンチエイジング」「たるみ」
「面接官」「第一印象」「鋭い質問」

内容よりも相手が反応しそうなキーワードを散りばめることで、聞く耳がぐっとこちらに向くようになるのを実感できると思います。

どんな場合にも有効なのは、
「○○さんの場合はこんなことが考えられますよね」
「○○社の皆さんはいつも仕事が早いですよね」
など相手に関係のある名前を出すことです。

自分の名前や、自分に関係のある社名や地域の名前を出されると、人は無意識に耳を傾けてしまうものです。また、「○○さんが好きって言ってた、あの××選手なんだけど」と相手の関心度が高いヒトやモノを引き合いに出すのも有効です。

次のページでは、具体的なアプローチの方法を紹介しています。

場面に応じたツカミのアプローチで相手を振り向かせてみましょう。

ツカミのアプローチ

❶ Q＆A型のツカミ

「１億円あったら何に使いますか？」「○○で困ったときってありませんか？」というように質問することで会話に誘導する方法です。相手が興味を持っていることについて質問すると、より会話が続くはずです。

❷「打ち明けちゃう」型のツカミ

「実は……」と何かを告白するような感じで話し始め、そこから本題へとつなげていく方法です。例えば、「今度、マンションを買おうと思ってるんですよ」と言って、最近の売買事情や、地域の話に少しずつ進めることもできます。

❸「これ見て！」型のツカミ

聞き手に写真や絵、動画、実物などを見せてひきつける方法です。相手が興味を示さないものを見せても「ふぅん」で終わってしまうので、関心を持ちそうなものを見せることが重要です。

心にとどく　5つの

❹「すべらない話」型のツカミ

「○○の話なんですけど、」と一旦話題を示し、「あれ、おかしくないですか？」と疑問を呈すなどして、1つのストーリーとして切り出す方法です。その後、写真や映像を見せると説得力も増して、より自分に視線を集めることができます。

❺「教育テレビのお姉さん」型のツカミ

「こんにちはー！……あれ、もう一度言いますよ。こんにちはー‼」と挨拶で参加してもらう方法です。100人中98人がYESと答えるような質問をしても反応が薄い場合、「あれ？　もう一度聞きますよ」と2回投げかけるたりすると効果を感じられます。

これらは、プレゼンやスピーチなど、多人数を相手にした場面でも応用できます。相手に興味を持ってもらえなければ、話を聞いてもらえませんし、印象に残ることもできません。まずは相手を振り向かせること。それが第一なのです。

5. パーソナルな情報を聞いたら　メモ魔に変身しよう

半年に一度くらいしか行かないネイルサロンに行ったとき。

以前自分が話したことをネイリストさんが覚えてくださっていて、特別扱いされているような気分になったことがあります。

「今もあのお化粧品を使っているんですか？」

「〇〇のお仕事してましたよね？」

「そういえば、前回はこういうデザインでしたね」

ネイリストさんも毎日大勢の人を接客しているはずです。たまにしか来ない私のことなど忘れてしかるべきなのに、以前話したことを覚えていてくださったのです。たったそれだけのことですが、**ネイリストさんとの心理的距離は一気に縮まりました。**来店していなかった時間がまるでなかったかのようです。

逆に、同じくらいの頻度で通っていても、一向に私の仕事や好み、生活スタイルを覚えてくださっていないサロンもあります。

「お仕事は何をされているんでしたっけ？」
「休みの日は何してますか？」
「ロングヘア歴が長いんでしたっけ？」

この方も日々多くのお客様とお話しされているはずなので、一人一人のことは覚えていられないのでしょう。それは当然のことです。けれど**「あれ、この間もこの話したような気がする……」と思ってしまい、心理的距離はやや遠ざかってしまいました。**

あなたにもこういう経験はありませんか？

・カフェで「いつものですね」と言われ、毎朝注文しているラテを出してくれた
・「厚焼き玉子好きって言ってましたよね」と飲み会で注文してくれた
・「これ、得意でしたよね？　お願いします！」と、困ったときに頼りにされた

相手の情報を覚えていることは、相手との心理的距離を縮めるために非常に効果があります。覚えておいて、それを次に会ったときの会話にはさむ。もしくは、タイミングを見計らって会話に取り入れる。些細なことですが、相手にとって印象に残る人物になるはずです。覚えていてくれるのは、それだけで人はとてもうれしいものなのです。

ただ、人間の記憶力には限度があります。残念ながら、大事な相手だから全部忘れないでいられるかといえばそうでもありません。関係性の深さに関わらず、忘れるものは忘れます。なので、**積極的にメモをとる習慣をつけておくと安心**です。

例えば、スマホのアプリやメモ帳が一発で開けるような状態に設定しておくこと。何か気がついたことがあったら、すぐにメモができるようにしておきましょう。

では、具体的に何をメモすればいいのでしょうか？

これに関しては**会話内容や、目に入ったもの全てメモしておく、というくらいのメモ魔になっていただきたい**です。相手がいま住んでいる所、出身地、趣味、好きな食べ物、バッグのブランド、着ている服、メガネの形、髪の長さとかなんでもいいんです。

そのメモを保存しておき、次の会話の手がかりにするのです。


相手のパーソナル情報をメモすることは、特にお酒の席で効果を発揮します。例えば、仕事で知り合った人同士で夜の食事会をするという場合。昼間は私的な話はしない主義の方でも、お酒が入るとプライベートの話をしやすい雰囲気になりますよね。

以前「都内をウォーキングしながら、ちょっとい

い店があったらふらっと入って飲むみたいなのが好きなんですよ」という話をする男性がいました。ユーモアたっぷりで、私はとても楽しく話を聞いていました。しかし、基本的に宴席の話に関しては、次の日にはボンヤリした記憶になってしまうものです。

こういう瞬間こそ、**トイレで席を立つときなどにパッとスマホアプリにメモします。**

人間は習慣に支配されるとはよく言いますが、メモを習慣にしておくと酔ったときでも難なくできます（笑）。翌朝見返してその人の名前とエピソードが思い出せるようになっているか確認しておきます。エピソードと名前が一致しないとまずいので！

それでまた次に会った時に、

「最近も歩いて、どこかに行きましたか？」

「美味しい店は見つかりましたか？」

「きょうも歩いてきたんじゃないですか？（笑）」

など会話の糸口にするわけです。

どんな人でも自分の些細な情報を覚えていてくれる人に、人は好感を持ちます。

どんなことでも結構です。メモ魔と呼ばれるくらいクセにしましょう。

6. すべらない話は「客観性」が分かれ目

「人志松本のすべらない話」をご覧になったことはありますか？

芸人さんたちの数々のエピソードトークは内容もわかりやすく、面白さやおかしさが伝わってきます。ほんの数分なのに記憶に残ります。毎回圧巻の話術を楽しみにしているファンも多いでしょう！

私たちの周りにも出来事を手に取るように面白く話している人がいます。

一方で、**話そのものがあまり記憶に残らない人が意外と多い**のではないでしょうか。

親しい間柄ならまだしも、初対面であれば、記憶に残らないばかりか、こんなことを感じさせているケースも少なくありません。

「ん？　どの辺を笑えばいいんだろう？」
「で、結局、この人は何が言いたいんだろう……」

などと相手に感じさせてしまう場合です。これでは自己満足の会話になってしまい、せっかく時間を共有したのに台なしになったと言わざるを得ません。「よくわからない人だった」という印象を残すことになります。

同じように話しているのに、面白おかしく伝わる人とそうでない人。

この決定的な差は「話が具体的であるかどうか」です。

ひとつ例を挙げてみましょう。

Ａ：
「この間、パーティーに急いで行ったときね、新品のドレスを着たんだけど、タグつけっぱなしのまま行っちゃって、本当顔から火が出るほど恥ずかしかった！　結局、タグが切れたからホッとしたよ」

B：

「この間、○○さんのパーティーに呼ばれて行ったときの話なんだけど。ショッキングピンクで裾がふわっと広がる、華やかなドレスを着たのね。その日のために買ったから、新品でね。で、せっかくの日なのに、私寝坊しちゃって。ゆっくり準備している暇なくてさー、急いで出掛けたの。そしたら、最寄り駅に着く前に、50代くらいの女性のグループの人がチラチラ私を見るの。あら？　やっぱり可愛い、このドレス？　と自惚れてたら『お姉さん、タグつけっぱなしよ？』って言われたの！　恥ずかしくて仕方ないんだけど、時間もないし焦って駅員さんにハサミを貸してもらったのよー」

（これは実際に私がやらかしてしまったトホホな体験談です……）

AとBは同じことを話していますが、Bの方が話の内容がより伝わってきたのではないでしょうか。

事実に臨場感も加わりました。ただ「具体的に」話すように変更しただけで大きな違いです。

具体的に話すとは、つまり客観的な情報をできるだけ多く盛り込むことです。

簡単に解説しますと、

主観的とは、その人個人の感情が入り混じっているようなこと

客観的とは、固有名詞などを使って聞き手と同じ映像が浮かぶこと

客観的なことをたくさん交えて話せるようになれば、人に面白さや臨場感を伝えるのがすごくラクになります。例えば「黄色」と聞いてどんなイメージが浮かびますか？　あなたがイメージした「黄色」を人に伝えるとしたら何と言うでしょうか？　黄色と一言でいっても様々な表現がありますよね。

①主観的に説明してみます。

・フレッシュな感じの黄色

・元気でキュートな黄色
・寒い冬に着たい暖かな黄色
・派手過ぎず地味過ぎない黄色

なんとなくわかりそうでわからない、これが主観的な説明です。
個人の感覚により左右する、となると聞き手と同じイメージは描けません。

②客観的に説明してみましょう。

・レモンのような黄色
・卵の黄身のような黄色
・からしのような黄色
・向日葵のような黄色

違いがお分かりになりましたか？

客観的に説明した方が主観的に説明するよりも、話を聴いている相手が想像しやすいのです。**特に、「広い」「大きい」などの形容詞はできるだけ数字に置き換える**ことです。

×「今度広い会場で、大規模なスポーツイベントを開催します」

○「今度の日曜日○○体育館で、５００人規模のイベントを開催します」

これは副詞も同じです。

×「お風呂上りに早めに、たっぷりの化粧水でケアすることが肝心です」

○「お風呂からあがったら30秒以内に、３分間化粧水をはたき込みましょう」

こうすればはっきりと伝わります。形容詞や副詞はできるだけ数字に置き換えてみましょう。プロの芸人さんのように面白く伝えるようにはならずとも、話がわかりやすいと思ってもらえるだけでも随分と印象に残りやすくなるでしょう。

7. 悩み事を打ち明けて「近寄らないでバリア」を強制解除

会話を楽しんでいるつもりなのに、自分は印象的な人物になれないと思い込んでいる人の中には、無意識のうちに人を寄せ付けないオーラを放出している人がいます。

大抵の場合、**本人としては無自覚で、周りに「近寄らないでバリア」を張っています**。

こういう方は会話の仕方どうこうの問題ではありません、また印象が薄いほうだと決めつける必要もありません。ただ、人から近づきにくい印象を持たれているだけなのです。別の言い方をするなら、周囲に気を遣わせていることに気が付いていない人です。

残念ながら、誰かに指摘されたり自分をよーく振り返らないと、自覚することは案外難しいかもしれません。

私は20代の頃、誰にもバカにされまいと「近寄らないでバリア」を張っていた時期があります。当時は、わからないことでもわかったフリをしたり、出来るフリをして、案の定ミスや失敗をする。あげく、謝らない（苦笑）。

頭がよいと思われたくて、わざわざ国語辞典で調べ、背伸びした日本語を使ってリポートしたりもしていました。フジテレビ系列のアナウンサー研修会で講師に**「この言葉は、入社2、3年目のあなたに期待されている日本語だと思う？」**と鋭く指摘され、そこでようやく自分の今までの行動を恥ずかしく思ったものです。

「近寄らないでバリア」を張っている人には、例えば、１７８〜１７９ページのようなケースがあります。

いくつか思い当たるものはありましたか？

３つ以上あてはまったら、あなたは無意識に周囲に近寄るなという見えないバリアを張っている可能性があります。要注意信号が出ています。

根本的には、**素直になれないということが要因**です。

どうして素直になれないかというと、自信がない、劣等感が理由です。

これこそが無意識バリアの正体です。

このような人は、注意されたり怒られることに対して、耐性が低い傾向があります。

「しょぼいやつ」「使えないやつ」と思われることに我慢ならないのです。

だから、わからないことがあっても他人に素直に相談できません。

自分で何でもかんでも解決しようとしてしまいます。

能力のなさを知られまいと、言い訳も考えます。

しかし残念ながら、取り繕っているつもりでも、周りにはバレバレです。

「扱いづらい」

「素直じゃないヤツ」

「めんどうくさい」

そう思われて、どんどん周りとの溝を深めていきます。

1つ覚えておきたいのは、**私たちの周囲の人間は想像以上に「頼ってくれてもいいのに」と思っているということ**。

もし自分が無意識のバリアを張っているかもしれないと

「近寄らないで」バリアの７のパターン

❶ 無表情でいる人

素敵な場所を訪れたとき、美味しいものを食べたとき、プレゼントをもらったとき、表情が乏しい、リアクションが薄い人は「なにを考えている人かわからない人」という印象になります。

❷ わかったフリをする人

知らない、わからないということが恥ずかしく、素直に聞けない人です。知らない自分はダメな自分であると自己否定する同時に、自分を大きく見せたいという気持ちの裏返しでもありますが、周囲からは「バレバレ」「信用できない」と思われてしまいます。

❸ 「凡人ではない」と抵抗感を示す人

「あの映画、よかったよねー！」と言うと「え、そうは思わなかったけど？」と全否定から入る人です。「それより」「そーじゃなくて」とまず否定してから、上から目線で自分の話をする人も同じです。特別な自分を演出しようとする人には近寄れません。

❹ 下品ではないと無言の主張をする人

下世話な話には耳を傾けず、崇高な理念や文化、政治の話ばかりしようとする人です。相手によっては、緊張感を覚えてしまい、気安く話しかけられません。

❺ 自分の情報を隠しがちな人

プライベートな情報を隠しがちな人です。相手からすると距離を置かれている感覚になります。自分のことを隠したがる人は、逆に相手の情報は聞きたがる傾向があります。

❻ やたら時間をかけて答えを考えている人

「好きな食べものは？」など他愛もない質問に「……うーん」と考え込んでしまう人です。正確性にこだわっているのかもしれませんが、本音を隠しているようにも見えてしまいます。

❼ 謙虚過ぎる人

「もうトシだから」「私には無理」など自己否定しつつも、結局こちらに「そんなことないですよ！」と言わせてしまう人です。ボケのつもりでも、相手の目が笑っていなかったら黄色信号です。

思ったら、悩み事を打ち明けるようにしてみてください。

「こんなことで悩んでいるって言ったら笑われちゃうかもしれないんですが」
「たいしたことじゃないんですが、実は……」

などと切り出して、悩み事の締めくくりは、

「もーホント、自分でも笑っちゃいます」
「いやー、なんか抜けちゃうんですよね」

などさらっと言ってみましょう。
完璧な人間など存在しません。
完璧じゃないからこそ、人はあなたのことを好きになるのです。
素直になって、無意識バリアを外しましょう。

8. 会話泥棒さんへの愛のある対処法

本人は気がついていないのですが、実は相手をイラつかせている行動があります。
それは、話を横取りすることです。**通称、会話泥棒。**
意外にも自分のことを話し上手だと認識している人に多く見られます。

後輩「会社の近くに○○っていう店が出来て行ってきたんですけど……」
先輩「あー○○なら私もこの間行ったよ。美味しいって言われているモンブラン食べたんだけど、実際どうだったと思うー？」
後輩「へえ……」

このように話を奪われた人はどんな気持ちがするでしょうか。あまりいい気持ちはしませんよね。

会話泥棒さんは、これら５つのいずれかの傾向があります。

１、相手を楽しませたい気持ちから、悪気なく話を奪う
２、普段聞いてくれる人がいないから、無意識で話を奪う
３、何でも急いでしまう性格で、習慣からつい話を奪う
４、会話の中心でいたいので、注目を集めるべく話を奪う
５、自分の存在を認めてもらいたい欲求が膨らみ、話を奪う

身近な人で思い当たる人がいるかもしれませんね。

また、普段はそうではないんだけど話が長い人がいるとつい結論を急いでしまう、好きな人の前ではつい盛り上げようと思って「私もそうだったよ！」と割って入ってしまう人もいるかもしれません。

対処としては基本的には**「自分がインタビュアーになったつもりで聞くこと」**です。

初対面であっても二度目以降でも。どんなに親しい間柄でも相手の話は最後まで聞くことです。とはいえ、それが出来ない場合や、自分がやってしまった！　と気づくことがありますよね。

・自分がやってしまった！　と気づいた場合は

「あ、興奮してつい話しちゃった！　えっと、それでその後はどうなったの？」

「ごめんなさい、つい楽しくなっちゃって！　もう一度聞いていいですか？」

「聞いてくれるのがうれしくて、自分の話をしちゃいました。〇〇さんの話を聞きたいです！」


など、できるだけ相手への好意を伝えるとともに、相手に主導権を戻しましょう。

また会いたい、また話したいと思ってもらえる印象をつくるためには、相手にとって心地よく会話ができるかどうかは非常に重要です。心地よく会話するというとハードルが高いように思われるかもしれませんが、基本は一緒です。**年齢や肩書の有無にかかわらず、相手の話は最後まで聞く**。それだけでも人から喜ばれる行為なのです。

・周りの人に話を奪われてしまったと感じた場合は

「ちょっと急がないでくださいよー。お願いですから最後まで聞いてくださいね！」

「また自分の話にすり替えましたね！　まったく○○さん、自分大好きなんだから（笑）」

「ぴぴー！　今はお話を聞く時間ですよーお静かに願います」

などなるべくユーモアを交えて、自分に話を戻すとカドが立たずに済みます。

相手は悪気がない場合が多く気づいていないので、余計に厄介だなと感じることもあるもしれません。**こういうときは、一種のゲームをしていると思うこと、相手を面白がることです**。決して相手と同じ目線になったりして、不快感をあらわにしないことが重要です。

もし心底、不快に感じたら、わざとお茶をこぼしたり（！）トイレに席を立ったりして、強制的に席を外しても構わないと私は思います。正面から同じ目線で相手とぶつかっても何も生まれませんので。

【第五章】

「もっと話したい！」と相手がデレちゃう聞き方のオキテ

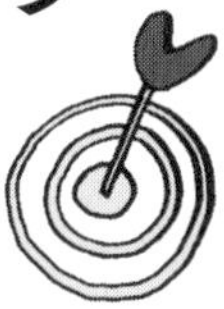

1 「相手がしたい話」が最優先

社内の問題やお客様の問題を解決しようとするときの質問にしても、「こういう話が聞きたい」という目的があると、それ以外の話を何とかして切り上げようとしてしまいがちです。私も取材を始めた当初はこのやり方をしていましたが、その頃の取材はすべて不発に終わっています。

理由は明白です。

聞き手が話を誘導しようとすると、相手が気持ちよく話せないからです。

相手が気持ちよく話せないと、人の本音もコトの本質にもたどり着けません。

話し手がつい口を滑らせた箇所にこそ、本音や本質が隠されていることが多いのです。

今は、自分が用意している台本に合わない話が出てきても、できるだけ無理に方向修正をしないようにしています。用意した台本は、あくまでも頭の片隅に置くだけです。相手がそのとき話したい話を盛り上げるように心がけているのです。

時間が経つうちに、話し手側から、「そういえば、これはさっきの話につながるんです」と言ってきたり、「その話って、さっきの話につながりますよね？」とこちら側で糸口をつかめたりします。

取材が予想していたものより広がると、自分たちが用意した台本よりも情報に深みが出ます。取材としても面白いものに変化していきます。

しかし、話し手が話したい話で盛り上がっていると、聞き手がすでに知っている話ばかりが延々と続く場合もあります。

そんな場合は相手の気分を害さないよう、細心の注意を払いながら、うまく話を先に進める必要が出てきます。どのような方法が正しいかはケースバイケースで変わります。私の場合は次のようなセリフをよく使っています。

「確かそれってこういう話でしたよね！　○○は現在はどうなったのでしょうか？」

「ビジネスモデルは凄いです！　でもこの○○については納得できていないのですが……いかがでしょうか？」

最初に「自分がその話題についてはここまで知っていますよ」と伝えることです。

この方法で、話題の内容については省略してもらい、自分が気になっているところまで一気に踏み込むことができます。そうすれば、既に知っている話で時間をむやみに費やしてしまうような状況から抜け出せるはずです。

この「自分がその話題についてはここまで知っていますよ」と伝えるという手法は、実はインタビューやヒアリングの冒頭にも多用できます。**冒頭でこちらが持っている情報の量と質をアピールしておくと、話し手は「この人なら、深い話をしても理解してく**

れそうだな」「この人はごまかせそうにもないな」と感じ、しっかりと内容の濃い話をしてくれるのです。

逆の立場になって考えてみると、気づけると思います。

例えば、誰かからあなたの仕事について聞かれるとき。まず気にかかるのは

「この人はどこまで知っているんだろう？」
「あのレベルの話をして、この人は理解できるんだろうか？」

という部分のはずです。

そこを一番最初に明らかにすることで、話し手が迷いなく話せるようになり、より本音や本質に近い情報が引き出せるようになります。ですから、質問側から「ここまでは知っていますよー」と前置きしてしまうことが大切なのです。

ビジネスシーンは時間が無限ではありません。より短時間で本質に近い情報を導けるようになりましょう。

2. わからないことを賢く聞き出す オトナの質問力

ビジネスの現場では、新しい単語がたくさん出てきます。

特に、専門知識を豊富に持っている人の話を聞くときは、異国の言葉のように感じるときさえあります。そんな時は**「それって、何ですか?」「○○について詳しくないんですけど、教えてもらえますか?」とストレートに聞くのもあり**です。

しかし、何度も同じような聞き方をしてしまうと、「この人は本当に理解しようとしているのかな?」と思われる場合もあります。また、同じ業界の人と話すときや営業先の人と話す際は、勉強不足だと思われそうで素直に聞けないという人もいるでしょう。

私の場合は特にプログラミング技術や科学的な話などは難しく感じてしまうため、インタビュー前はできるだけ下調べしていきます。それでもやはり同じレベルとまでは行かないので、「〇〇とは具体的にどのようなものですか？」と聞くことが多くなります。

それでも何とか理解しようと示すために、このような聞き方をします。

「〇〇とは、もしかして△△が進化したようなものですか？」
「〇〇とは、私たちが知っている××に近いものですか？」
「〇〇とは、あの□□と同じような機能がありますか？」

ポイントは**「私たちが知っているアレ」**です。

「あなたの専門的な話に同じ目線で会話は出来ないけれども、私が知っている〇〇と近いということまではわかっています」

と相手に歩み寄っている姿勢を示すこともできます。

こうすることで「〇〇ってなんですか？」と漠然と聞いて話し手にイチから説明を求めるよりも、ぐっと説明がしやすくなります。話す負担を減らすことができます。

例えば、グリーンスムージーを知らなかった場合。

「私たちがよく知っている青汁みたいなものかな？」

「実家で飲んでいた野菜ジュースに近いのかな？」

などです。


「グリーンスムージーって何？」と聞くよりも、はるかに相手が答えやすくなります。

「青汁は生の野菜を絞った汁だけど、グリーンスムージーは生野菜とフルーツと水をブレンダーやミキサーにかけたものだよ」と比較を促せます。比較することで聞く側の理解も更に深まり、一石二鳥です。


そもそも聞く力とは、「相手に負担をかけずに聞き出す力」です。


世の中には大きく2種類の人がいます。「いくらでも私の話を聞いて！」というインタビューしやすい人と、聞く側が誘導してはじめて話してくださる人です。

大袈裟にいえば、全員が前者ならば聞く力は不要です。

でも、そうではありませんよね。

後者の、話すことがそもそも苦手！　という人も案外多いのです。

こんな人には聞く側が歩み寄って、相手に負担をかけないように話を誘導する必要があるわけです。

実はこのテクニックは、逆の立場【話す側】になったときにも大変よく使えます。

「○○（専門性の高い用語）は、皆さんが知っている△△と同じジャンルです」

「○○は私たちが使っている××をさらに進化させたものです」

「○○はあの有名な□□と似てますが、ここが大きく違うのです」

新しく聞き慣れない言葉であっても「あ、アレと同じジャンルの話題だ」と一瞬でピンとくるはずでしょう。**わかりにくそうだなと感じる言葉には「あなたがよく知っているアレと似ています」と一言添えるだけで、伝わり方が全然違ってきます**。

初対面で自分の仕事を一言では言い表せない方は、「○○のような仕事です」「よく知られている○○と同じ業界です」など世間一般で知られている職業を引き合いに出すと人に伝わります。一生懸命説明するよりも、アレと似てますと一言添えるほうがはるかに相手がピンとくるはずです。

3. 人に聞くことの9割は自分が聞かれたいこと

これは鉄則ですが、人に質問することは自分が聞かれたいことです。

相手が「スポーツをしますか？」と聞いてくるのは、その人がスポーツに興味があるからです。もっと言うと自分が話したいからなのです。それなのに勘違いして、聞かれたからと延々とスポーツのことを話してしまうと、相手にしたら面白くないわけです。

ですから、相手から聞かれたことは、そっくりそのまま聞き返してあげることです。

「私はほとんどやりませんが、○○さんはスポーツお好きですか？」

という具合に、相手から聞かれたことについてじゃんじゃん質問します。

よくある勘違いなのですが、相手が謙遜したのを真に受けてそれ以上突っ込まない方がいます。これはもったいないです。ハナから自慢する人はそうそういません。

ですから、**相手が謙遜したら「自慢したいのかもしれない」と察知しましょう。**

「プロデューサー20年って、やっぱり才能ですよね？　ヒット作を手掛けたのでは？」

「独立5年で1000人規模って、凄いスピードです。時代を読んでました？」

「4人のお子さんがいるママには見えませんよ？何か特別なことしてます？」

といったふうにどんどん深掘りしてあげるべきで

す。

もし「いやそれほどでも……」と謙遜されたら、「いや〜、絶対ありますよ」とやや押し気味に深掘りしていきます。必ず自慢の素《もと》が出てきます。相手も嫌な思いはしません。どんどん深掘りしていきましょう。

年齢の話も同じです。**女性から年齢の話が出たら、「若い」と言ってほしい合図だと捉えてほぼ間違いありません**（笑）。自分の年齢を伝えた後は余計なことは一切言わず、男性ならば「女性に聞くのは大変失礼なのですが」と前置きして年齢を聞いてみましょう。「そんなふうには見えない！」と驚きながら言えばバッチリです。

その後は「もしかして同世代ですか？」「学生時代はどのへんで遊んでましたか？」みたいな話に持っていくことができます。仕事上の関係ではなく、個人的な関係へと深めていくことができます。

よく自慢話を聞くのが嫌という人がいます。

本当に面倒くさくて仕方がない！　と思う場合は除いて、自慢話はどんどん話してもらったほうが実は超お得です。

なぜなら、**自慢話をしてもらうことは、相手に優越感を与える行為でもあるから**です。人は、自分の優越感を満たす場を無自覚で守ろうとする習性があります。自慢を聞いてくれる、自分が優位に立てる、そんな人や場所を心地よいと感じるものなのです。つまり、あなたと一緒にいると心地よいと無自覚で感じるのです。

優越感は劣等感と表裏一体です。コンプレックスがある人ほど自慢話をするものです。

受け入れられないほどの自慢話を聞くことになったときは、もしかしたら「自信がない人なのかな」と視点を変えてその人の話を聞いてみましょう。

本当に満たされている人は、わざわざ自慢しません。一流のモデルが「私ってキレイでしょ？」と他人に吹聴してまわらないのと同じです。自慢話を自慢話ととらえるのではなく、この人はコンプレックスを解消したいだけなのかもと冷静に受け止めることができればイライラしません。

自慢話の内容ではなく、自慢話をしてくる「目的」に目を向けましょう。目の前の相手を見る目も変わるはずです。ご年配の男性が少年のように見えたり、お年頃の女性も幼い少女に見えることもあると思います。

お伝えしているように自慢話をしてもらうのは大いにいいのですが、一方でネガティブな状態まで受け止めることはやめましょう。

例えば、**落ち込んでいる人を過度に励まさないように配慮する**などです。

相手が「落ち込んでいる部分を見せると、かまってもらえる」と判断し、マイナスな面をさらに見せてきてしまうのです。「疲れた」「大変」「出来なかった」などのネガティブな感情をこちらが積極的に受け止め認めると、かまってちゃんを育成してしまいます。認めてもらうため、褒めてもらうために、無自覚でネガティブな面を加速させてしまうのです。結果、依存関係になってしまいます。

相手がうれしそうに聞いてきたときだけ聞き返すようにしてください。

おおいに自慢してもらえれば、あなたは何もせずとも、心地よい人という印象を得るでしょう。

4 おバカになって堂々と聞いちゃえばいい

以前クライアントさんから、こんな相談を受けたことがあります。

「質問の程度で自分の能力とか知性とかがバレてしまいそうで……。人がたくさんいる所では質問も出来ないし、まして自分の意見なんて言えないんです。特に、同僚がいるときは、評価されそうで何も聞けません……」

この方は会社役員でしたが、これまで何度となく人前で話してきたそうです。なので、今さら人前で話すことが実は苦手だと誰にも言えず、「今日も妻にも言わずにこっそり会いに来ました」と教えてくれました。

「**おバカだと思われそうで何も聞けない、言えない症候群**」とでも言いましょうか。

例えば、立場がうんと上の人や実力者だと思うような人と出会い、お話しするとき。あまりにも恐縮してしまい、質問が浮かばないという瞬間は誰しも一度は経験しているのではないでしょうか。

なぜ質問が浮かばないのかというと、やはり「**こんな質問をしたらバカだと思われるんじゃないか**」、または「**そんなことも知らないのかと能力の低さを露呈させてしまうのではないか**」と心配しているわけです。

「おバカだと思われそう」とおののく原因は自信のなさからくるものでもあります。

しかし、**相手に主役になってもらうためには自分が多少おバカになってもいい**のです。

むしろ、おバカなほうが人は喜びます。

「あなたって本当に馬鹿なのね」って言いながら皆さん嬉しそうに教えてくださいます。

それは相手が自分に隙を見せてくれているのでホッとするからなのです。また、質問に答えることによって自分が優位に立てるということにもなります。気持ちよさそうに教えてくれたら自分にとっても相手にとってもいいこと尽くしです。

おバカだと思われそうで何も聞けない症候群にお心当たりがある方は、この2つを胸に刻みましょう。

1、きょうから1ヶ月、会議や打ち合わせなどで簡単な質問を1つすること。
2、素朴な疑問はかえって本質をつくということを覚える。

質問の内容というのは、何も高度なことでなくて構いません。

社内や業界独特の省略言葉などのわからない言葉について、「○○とはどういう意味ですか？」と尋ねたり、「なぜ、これはLINE@ではなくメルマガにしているのですか？」と素朴な疑問を投げかけてもいいのです。


こうした簡単な質問を自分に課すことには、想像以上の効果があります。

まず、1つは、**毎回質問していると、周囲から「積極的な人」だと見られる**ことです。

たとえ簡単な質問だとしても、発言しない人と比べたら、印象はまったく違います。

そして、**素朴な疑問は意外と問題の本質をついていることが多い**ことも忘れないでください。

たとえば、社内での会議にて、新しくプロジェクトに加入した人が「なぜ顧客リストがＬＩＮＥ＠登録ではなく、メルマガなのか」といった疑問を投げかけたとします。すると、以前から携わっていた人たちは「あ、それは実は昔からしていただけで、ＬＩＮＥ＠に替えても何の問題もない」と気づかされることがあります。

この発言をきっかけに、議論が活性化すれば「なかなかいい質問をする」と周囲から評価されるのです。もっとも、きちんと話を聞かなければ質問できません。おのずと集中して人の話を聞くようにもなっていくでしょう。

以前、貧困問題や女性の社会進出をテーマに掲げたフォーラムで、司会として会場から質問を募ったとき。**「なぜテーマが女性の社会進出なのに、今日のパネリストの中に女性がいないのか？」**という素朴な疑問をぶつけた人がいました。

会場にいた人の中には同じような違和感を覚えていた人も多かったためか、質問した女性はこの日一番の拍手喝采を浴びていました。主催者側はハッとした表情で説明していましたが、イイ質問とは素朴な疑問なのだと私はさらに強く感じるようになりました。

自分が抱く素朴な疑問は、自分ひとりだけのものではなく、同じように疑問に思っている人も少なくありません。

まずは、1つの場面で1回は質問をする。

1ヶ月継続できれば、きっとおバカだと思われそうで何も聞けない症候群から無事に卒業できますよ！

5．否定の後には必ず本音が現れるメカニズム

主演映画について女優Hさんにインタビューしたときのことです。

私の聞き方がまずかったのかHさんからまったく話を引き出せず、15分の持ち時間が15時間にも感じたことがありました。

名「まずは、簡単で構いませんので、映画の見どころを教えてください」

H「2人の男女が繰り広げるラブストーリーですね」

名「……（あ、話が終わってしまった）。今回の現場の雰囲気はいかがでしたか？」

H「まー、いつも通り楽しかったですね」

名「……（あ、また終わってしまった）。相手役の○○さんとは以前にも共演してい

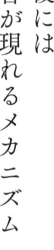

ますが、どんな感じでしたか？　もう、息ぴったりに見えました！」

H「そうですね。ま、普通ですよね。いつもそんな感じです」

名「……（また終了だ。ヤバい）。今回の役作りで取り組んだことはありますか？」

H「年齢的に近い設定でしたので、特にこれといった感じは……ないですね」

名「……（えええええええええ！　終わった？　ヤバいヤバい）」

気がつくと、そばにいるディレクターやカメラマンまで顔がひきつるありさま。

これは完全に話を引き出せていない私に全責任がありましたが、これほどの話が弾まない取材対象者は後にも先にもこの方がダントツです。あとから聞いた話ですが、まる1日同じ映画について同じような質問を受けていて、さすがにお疲れだったようです。

このインタビューが放送されるときには、スタジオに2人の男性アナウンサーがいました。細身でイケメンなタイプと、ふくよかで優しそうなタイプです。そこで事前に用意していた2人の顔写真が印刷されているボードを出して、気を取り直して尋ねました。

名「えっと、スタジオにはこの２人の男性アナウンサーがいます。この２人のうち、Ｈさんはどちらがお好きでしょうか？」
Ｈ「……うーん、そうですね、こちらの（ふくよかな）男性ですね」
名「え！　なんでですか？（イケメンを選ぶと思ってたので）」
Ｈ「ご飯をいっぱい食べてくれそうですよね」（↑ここで初の笑顔！）
名「ご飯食べる人が好きなんですか？」
Ｈ「私も食べることが好きなので」
名「え？　でも、すごい華奢じゃないですか!!　**そんなはずないですよ（思わず否定）**」
Ｈ「いや、私、すごい食べるんです。三食きっちり、白いご飯もしっかり食べますよ」
名「**本当に本当ですか？（なぜかしつこく否定）**」
Ｈ「本当ですよ、しっかり食べないとイライラしちゃうんですよ（笑）」
名「えええええ」

と、ようやく会話らしい会話ができたところで、インタビューは終了となりました。
このときの私の聞き方は自然発生的なものでしたが、本音をなかなか語ってくれない人や本心が見えない人に対して「そうは思っていないよね？」ということを尋ねることがあります。**「誤解されたくない！　本当はこうなんだよ」という本音に導くため**です。

通常はこの聞き方はしません。普通に話してくれる人に、この方法を使うと相手は試されているような気持ちになるので、「あえて」の質問は避けた方がいいでしょう。

これは例外としてですが、

- **2回目以降でもどこか建て前で話をしている人**
- **きれいごとばかりで、本心が掴めない人**
- **遠慮しているのか、自分の気持ちを出さない人**

などの本音を隠している人にのみ使います。

例えば、念願の仕事でうれしそうだけど、悩んでそう。だけど、相談してこないという後輩に「本当はこの仕事やりたくなかったの？」と言えば、「いや、そんなことはないです。でも、プロジェクトの進め方で不安なことがありまして」など本音を語ってくれるでしょう。

大切なのは、相手から否定を引き出すことです。

「いや、本当はそうではないんです」→「本当は〜〜なんです」
「実は、そんなことはないんです」→「実は、〜〜なんです」
「よく誤解されるんですけど」→「本心は〜〜なんです」

否定の後には、必ず本音・本心があらわれます。

聞いた後は、本音を明かしてくれた相手の話にしっかり耳を傾けるようにします。せっかく本音を言ったのに、全然話を受け止めてくれないと、相手をがっかりさせてしまいます。相手の本心や本音を１ミリも否定せずに、最後まで聞くようにしましょう。

6.「〜していいですか」でハートをわしずかむ

情報バラエティ番組を担当していたとき、野菜や果物、米、そばなどの取材によく行っていました。

農家の方にはビニールハウスの中や畑のど真ん中で、漁師の方々には早朝の水揚げ後の港などで話を伺います。カメラが回っているいないに関わらず、皆さん様々な話をしてくださいます。県民性もあってか、本当に皆さん優しい雰囲気で穏やかに話してくださるのです。海沿いの方は多少言葉が荒いにしても、本当に気持ちよくお話をしてくださる方ばかりでした。

一方で、当時の私は言葉遣いが悪いと認識してないのですが……、なぜか！

「荒い言葉遣い直さないと、放送上よくないぞ」

「東京出身だからかな？　べらんめえ口調に聞こえるんだよね」

「石を思いっきり投げるように質問するよね？」


など、言葉遣いが荒いとよく言われていました。

自分では普通に話したり、聞いたりしているつもりなのに、どうにもこうにもぶっきらぼうで粗雑な人という印象になることを悩んでいました。ニュース読みやナレーションでは何とか成立しても、インタビュー取材では質問箇所も放送で使われるので、誤魔化せないのです。

「どうやって聞いたら、取材している人たちみたいに優しい印象になるのかな？　先輩と同じようにやってるつもりなんだけどなー」とずっと心に引っかかっていました。

そんなあるとき、東北地方ならではの、芋煮の取材で里芋畑にお邪魔しました。

内容は、里芋を掘るところから里芋料理を堪能しようというものでした。

最初は掘り方を教わるのですが、農家の方がこのように指導してくれました。

「鍬を持ってもらえますか？」

「この辺りを掘ってもらえますか？」

「そこから子芋を取ってくれますか？」


その後、料理を一緒にやりましょうというときも

「塩をふってもらえますか？」

「おにぎり作ってみますか？」

「味見してみますか？」


ディレクターが「『名和田さん、これ切ってください』って誘導しましょう」と指示してもなお、「名和田さん、これ切ってもらえますか？」と質問形で話しかけてくださるのです。もしかして、私が怖く感じているからこういう話し方なのかなと思っていたところ、その農家さんはカメラが回ってないところでも質問形だったのです。終始優し

い口調で、自然と周りが笑顔になるような物腰柔らかな方でした。

ここでようやくハッとしました。

「教えてください」という命令形じゃなくて、「○○について聞いても大丈夫でしょうか？（よろしいでしょうか？）」と相手に許可を求めるような形で質問したほうがいいということがわかったのです。

どういうことかというと「～について聞かせてください」という命令調の聞き方だと、相手は話しているというより、話させられている、やや強制されているようにも感じます。

しかし、「～について聞かせていただけますか？」「～について聞いてもよろしいでしょうか？」という許可を求めるような形だと、相手に主導権があるように感じ強制的に話させられているという感じには聴こえません。非常にソフトな印象に変わるのです。

私たちはあらゆるビジネスシーンで人と会話しますが、この許可形の質問をすると、淡々としたやりとりの中に温かさが加わります。

例えば、

命令形質問「進捗を報告してください？」

許可形質問「進捗を報告していただけますか？」

この際、私が出会った里芋農家さんのように、「笑顔」で尋ねることがコツです。無表情だと逆効果で、嫌味を言っているように捉えられてしまいます。**できるだけ笑顔で、許可を求めるように聞いてみましょう。相手は知らず知らずのうちに行動してしまいますし、人当たりがよい印象になります。**

実際、私はこの聞き方を意識的に使うようにしてから、取材がスムーズに運ぶようになり、ぶっきらぼうだと言われることが圧倒的に少なくなりました。性格は変わっていませんん。語尾を変えただけで印象は変わるのです！（笑）。

7. いい質問をするために自分質問トレーニングをしよう

いい質問というのは、求められる場所によって意味合いが変わってきます。

会議の場では、問題点を鋭く突く質問が「いい質問」です。
雑談の場では、相手に気持ちよく話してもらうための質問が「いい質問」です。
営業の場では、建前の奥にある本当のニーズを聞き出す質問が「いい質問」です。

どんな場合でも、自分を印象づける質問をするためには準備が必要です。
事前に質問しなければならないテーマについて全体像をとらえておくこと。
さらに考えられる質問をできるかぎり想定し、予想される返答を考えること。

このように、それぞれの目的に向かって話を引き出せるように用意しておくことです。
もちろんプロのインタビュアーではないですから、最初から100や200の質問を出せるはずがありません。根本的な質問力を鍛えるために、ポイントがあります。

1、普段から自分を分析すること

2、普段から様々な情報に触れること

この2つです。

1つめは、普段の自分の行動を「なぜ？　なぜ？」と分析することです。
質問の幅を広げるには、「もし私だったらどうする？」と想像（妄想）することです。
そのためには、自分の普段の行動を分析することが、とてもよい練習になります。

例えば、コンビニで何気なく買った「ハイボールとチーズかまぼこ」。

なぜこの商品を選んだのだろう？　と自分に質問をしていくのです。

「ハイボールはビールよりも糖質が少ない」
「ダイエット中の身にはちょうどいい」
「チーズかまぼこなら、タンパク質も取れる」
「チーズかまぼこのぷりぷりの歯ごたえがいい」
「食べきれなかったらおやつとしても最適」
「チーズが入っているからハイボールにもワインにも合う」

こんなふうに、理由を洗い出していくのです。

習慣化していくと、**質問を考えるときに「きっとこのビールを購入する理由は〇〇なんじゃないか」と、いろんなパターンを想像できる**ようになっていきます。

また、**自分の思考パターンを分析することは、物事を深く掘り下げるトレーニングにもなります**。想像力、またの名を妄想力と私は呼んでいますが、勝手に一人であれこれ分析する癖をつけると、自然と質問が浮かぶようになります。

2つめは、ピンからキリまで体験することです。
普段通りの生活を続けていては「なぜ？」の問いの幅が広がっていきません。
生活の範囲を広げて、物事のピンからキリまで体験すると、視野も広がり会話の最中に直面するさまざまなシチュエーションにも対応することができるようになります。

例えば、ホテルの場合。

「五つ星ホテルに一泊する。予算がないならせめてロビーでコーヒーを飲んでみる。逆にあえて1泊2000円くらいの宿に泊まってみる」

などです。

他にも話題になっている場所へ行ったり、体験したりするのもいいでしょう。

普段しないことをするというのは何も大袈裟なことではなく、ゲームをしない人ならゲームを買ってみる、テレビを見ない人ならテレビを見てみる、図書館に行かない人なら図書館に行ってみるなどでもいいのです。

自分の五感で経験したことは、ただ単に写真を見ただけの質問とまったく違ってきます。**そういうリアルな質問ができるかで、相手の懐に入っていけるかが決まる**のです。

また、話題になっているモノや場所など世の中の動きを知っていれば、老若男女と会話を広げる糸口が増えます。

特に若者は、同じ言語を共有することを好む傾向があります。流行りのアイドルの名前を知っているだけで、一気に心を開いてくれることだってあります。私はニンテンドースイッチでマリオのゲームをやっていると言っただけで、10代の若者と一気に距離が縮まったこともあります（笑）。

このように普段の生活の中で、

・思考パターンのバリエーションを増やすこと
・物事を深く掘り下げること
・話題の幅を広げること

など意識して習慣化するとよいでしょう。

応用すればビジネスの現場でもさまざまな事例を検討してみたり、お客様の立場で考えてみることで、「質問力」を磨き上げることができます。いい質問で自分を印象づけるにも、普段からの準備があってこそなのです。

おわりに

この本を書き進めていく中で、これまでの様々な出来事を振り返りました。

自分の半生をひとつひとつ辿るような作業だったかもしれません。

今までの自分を振り返ってみると、私はいつも自信がなかったように思います。

2011年の東日本大震災の夏、長時間大きな音を聞きすぎたことが原因で音響外傷と診断され、2週間入院しました。アナウンサーなのに、一定レベルの音域の聴こえが悪く、耳鳴りも残りました。

この経験によって一時期アナウンサーとして、完全に自信を失いかけたのです。

自暴自棄な気持ちに苛まれつつ、「何かを失ったからこそ、人の痛みも少しはわかるようになったんじゃないか？　自信がない私だからこそ、できることがあるはず」とだんだんと考えるようになっていきました。

今も講座では小さい声の方の発言は聞き返すことが多く、申し訳ないなと感じています。ただ、聞き返すときには「後ろの方は聴こえますか？」などと一声添えるなど、些細な配慮ができるようになったことは、ケガの功名だったかもしれないと思っています。自信がなくても、目の前の大切な人とコミュニケーションはとれるし、自分を印象づけることはできます。なぜなら、ベクトルをいつも相手に向ければいいからです。

「自分をアピールしたり、印象に残る自信がない」という声をよく聞いてきました。

今の私はこう思っています。

「自分を明確に伝えることに、自信なんていらない」と。

心に刺さる印象は、技術であると同時に「相手のことを想う気持ち」からなるものです。

どのような振舞いをすれば、初対面の相手の緊張がほぐれるか。
どんな話で切り出せば、相手が振り向いてくれ会話が弾むのか。
どういった質問なら、口ベタな人でも負担なく答えられるのか。

「自分がどう思われるかではなく、相手のためになることを想うこと」

迷ったときはここに意識を戻せば、自ずと答えは見えてくるのではないかと思います。

たとえ、それで相手の反感を買ったとしても、相手のためによかれと思ってやった結果ならばあとあと納得できます。相手を思って、誰かを思って、行動したことのひとつ一つが自信へと繋がっていくのです。自信は行動すれば、あとから必ずついてきます。自信があるから行動するのではなく、行動するから自信になるのです。

本書には、相手の心に刺さるコツや法則がたくさん散りばめてあります。

今からじゃんじゃん使ってみてください。

「自分はこんな人間です」と胸を張って伝えられるようになれば、あなたを必要としている人に出会えるようになります。

誰かが率先して力を貸してくれるようにもなります。

いざという時に、思い出してもらえる人にだってなるのです。

この本がそのきっかけとなれたら、著者として最高の喜びです。


最後に、この本に関わっていただいた方々にあらためて御礼を申し上げます。

たくさんの人たちが私をここまで導いてくれました。

自分ひとりで得たものは何ひとつありません。

出版のチャンスをくださった彩図社の権田一馬さんをはじめ、事例に登場してきた私の師匠や先輩方、友人、ビジネスパートナー、出版に際しご協力いただいた多くの方々、
そして何よりこの本を手に取ってお読みくださったあなたへ。

本当にありがとうございます。

2019年　春　名和田知加

著者紹介
名和田知加（なわた・ちか）
大学卒業後、フジテレビ系テレビ局にアナウンサーとして入社。6年間でのべ2000人以上を取材する。退社後は、経営コンサルタントの大前研一氏が代表をつとめるBBT大学でキャスターを担当するなど、アナウンサーとしての活動のかたわら、これまでに培った「人が振り向く伝え方」や「自分を思い通りに魅せる方法」を、経営者や個人起業家向けに研修・指導を行う。

本文イラスト：あべさん

アナウンサーがやっている！
1分で心に刺さる印象術

2019年6月21日　第1刷

著　者　名和田知加

発行人　山田有司

発行所　株式会社　彩図社
東京都豊島区南大塚3-24-4
MTビル　〒170-0005
TEL：03-5985-8213　FAX：03-5985-8224

印刷所　シナノ印刷株式会社

URL http://www.saiz.co.jp　Twitter https://twitter.com/saiz_sha

ISBN978-4-8013-0376-8 C0095